江苏省"十四五"时期重点出版物出版专项规划项目

海南省教育科学规划一般课题"基于本土资源的幼儿生命教育行动研究"（课题编号：QJY202412214）成果

幼儿园劳动教育丛书

刘颖 虞永平 / 主编

陪你一起慢慢长大

幼儿园饲养劳动教育实践

丁　颖

肖瑞星

张可心

—— 著

江苏凤凰教育出版社
Phoenix Education Publishing, Ltd

> 感谢您使用本书。您在使用时如有建议或发现质量问题，请联系我们。
> 【内容质量】电话：4008283622
> 【印装质量】电话：4008283610

图书在版编目（CIP）数据

陪你一起慢慢长大：幼儿园饲养劳动教育实践 / 丁颖，肖瑞星，张可心著. -- 南京：江苏凤凰教育出版社，2024.12. --（幼儿园劳动教育丛书 / 刘颖，虞永平主编）. -- ISBN 978-7-5743-1689-8

Ⅰ. G613.3

中国国家版本馆 CIP 数据核字第 2025W0B827 号

幼儿园劳动教育丛书

书　名	陪你一起慢慢长大——幼儿园饲养劳动教育实践
作　者	丁　颖　肖瑞星　张可心
出版策划	刘　煜
责任编辑	严小英
出版发行	江苏凤凰教育出版社（南京市湖南路 1 号 A 楼　邮编 210009）
苏教网址	http://www.1088.com.cn
照　排	江苏凤凰制版有限公司
印　刷	江苏扬中印刷有限公司（电话：0511-88420818）
厂　址	江苏省扬中市大全路 6 号
开　本	787 毫米 × 1092 毫米　1/16
印　张	11.5
插　页	1
版　次	2024 年 12 月第 1 版
印　次	2024 年 12 月第 1 次印刷
书　号	ISBN 978-7-5743-1689-8
定　价	58.00 元
网店地址	http://jsfhjycbs.tmall.com
公 众 号	苏教服务（微信号：jsfhjyfw）
邮购电话	025-85406265，025-85400774
盗版举报	025-83658579

苏教版图书若有印装错误可向出版社调换

序

劳动对人类而言，有着特殊且重要的价值。劳动能够创造财富、创造世界。劳动对个体的发展更有着不可替代的价值。劳动能够让人发现自我、改造自我、确证自我，因此我们说，劳动"使人真正成其为'人'，根本超越了动物界"[①]。劳动是人全面发展的重要途径，劳动教育是全面发展教育体系的重要组成部分。在2018年的全国教育大会上，习近平总书记特别强调了劳动教育的重要性，强调要在学生中弘扬劳动精神，教育引导学生崇尚劳动、尊重劳动，懂得劳动最光荣、劳动最崇高、劳动最伟大、劳动最美丽。2020年3月，中共中央、国务院印发了《关于全面加强新时代大中小学劳动教育的意见》，强调了劳动教育是中国特色社会主义教育制度的重要内容，并要将劳动教育纳入人才培养的全过程。

遗憾的是，在过去的一段时间内，有关劳动教育的政策话语和研究热点主要出现在大、中、小学阶段，对幼儿园劳动教育的研究处于相对滞后的状态。然而，我们不能就此忽视劳动以及劳动教育对幼儿发展和学前教育质量提升的意义。

劳动活动是幼儿综合的学习。 劳动需要动手。年龄较大的儿童，以对间接经验的学习为主，学习的场所可以是在课堂中，学习的方式以听教师讲解为主。而幼儿是在直接感知、实际操作、亲身体验的过程中学习的。让幼儿获得经验，就是让幼儿去做事。幼儿的劳动，就符合这里所说的做事的特点。劳动对幼儿学习的意义直接体现在为幼儿提供了更多做事的机会。

劳动能够促进儿童全面的发展。 尽管劳动强调身体的参与，劳动教育强调劳动态度、劳动习惯和劳动情感的涵养，但其价值绝不仅仅局限在身体发展和价值

[①] 赵敦华，孙熙国.中西哲学的当代研究与马克思主义哲学创新[M].北京：人民出版社，2011：298.

观的培养上。劳动的过程，是多个领域的经验有机结合的过程，也指向多个领域经验发展的过程。美国著名教育家杜威在中国访问演讲时，就曾对南京高等师范学校附属幼稚园养蚕一事深有感触，并以此阐释劳动对学前儿童多领域发展的综合作用。

劳动教育是落实《3—6岁儿童学习与发展指南》（以下有时简称"《发展指南》"）精神、提升学前教育质量的重要抓手。劳动教育重在亲身参与和实践，强调幼儿动手能力的发展。开展劳动教育，为幼儿提供了丰富的直接感知、实际操作和亲身体验的学习机会，有利于改变学习方式小学化的倾向。劳动教育关注对儿童劳动素养的培养，促进儿童体、智、德、美和创造力的全面发展，有利于改变当前教育中"扬心抑身"的倾向，能更好地落实《发展指南》精神。

尽管劳动教育未曾远离我国幼儿园教育实践一线，我们在幼儿园中也总能看到这样那样热火朝天的劳动场景，但有关幼儿园劳动教育的理论与实践还充满着挑战和难题。例如，如何在我们的课程中定位劳动教育？如何处理劳动教育中劳动品质涵养和其他方面发展的关系？怎样合理地处理劳力和劳心的关系？如何为新时代的幼儿园劳动教育注入时代发展的特点？如何提供满足当代幼儿需要的劳动教育？如何不断丰富幼儿劳动教育的内容和形式？如何建构幼儿园劳动教育的资源和环境？如何在劳动活动中有效地回应幼儿，并为幼儿提供充分的机会和挑战？如何协同家庭、社区的力量共同参与到幼儿园劳动教育的实践当中？

基于对幼儿劳动以及幼儿园劳动教育价值的考量，我们和全国有志于从事劳动教育研究的十多所幼儿园一道，从2019年开始，开展了系统的幼儿园劳动教育研究。参与研究的幼儿园来自我国各个地区，有着不同的园情和研究基础。但共同的，是他们研究劳动教育的决心、热情和努力。每一所参与劳动教育实践研究的幼儿园，既整体性地对幼儿园劳动教育进行了探究，又从园所自身的基础条件、幼儿发展的现实需求出发，选择了种植劳动、饲养劳动、工艺劳动、工程劳动、生活自理劳动、社群服务劳动、家庭劳动中的一类，进行了深入的实践与研究，以获得更扎实的幼儿园劳动教育研究经验和研究成果。

在这数年时间中，参与幼儿园劳动教育研究的各所幼儿园迎难而上，在实践中重新审视了幼儿园劳动教育的价值，凝练了劳动教育的理念，总结了组织劳动教育活动的策略，梳理了与《发展指南》对接、符合幼儿身心发展规律的劳动教育目标,建构了与幼儿生活密切相关的劳动教育内容体系,探索了多种多样的劳动教育组织形式,并尝试开展幼儿劳动教育的评价工作。在与实验园所园长、老师们共同研究的过程中,我们见证了完整儿童的发展,见证了老师们教育观念的更新、教育方法的改善、教育能力的提升,见证了《发展指南》精神的逐渐落地。

江苏凤凰教育出版社策划并出版的这套"幼儿园劳动教育"丛书,是对幼儿园劳动教育理论和实践研究的总结与展示,是对幼儿园劳动教育理念、立场、观点、策略、方式、机制的挖掘和整理。作为国内第一套系统呈现幼儿园劳动教育研究成果的书籍,本套丛书在内容、形式、体例上都还有诸多不尽如人意之处,我们也将在后续的研究中不断完善。此时推出这套丛书,我们希望能够给更多的学前教育同行以启发,让更多的幼儿园深刻地认识到幼儿园劳动教育的价值和实现价值的可能性,让更多的幼儿园参与到幼儿园劳动教育研究中来,让幼儿园劳动教育研究的成果造福更多的儿童。

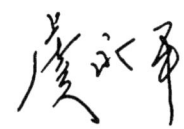

前　言

　　海口市教育幼儿园是海南省级示范幼儿园，拥有自然、生态、现代化的办园环境和一支学习型、反思型、研究型师资队伍，我们秉承"尊重幼儿、理解幼儿、培养幼儿、发展幼儿"的办园宗旨，建构了"基于幼儿、链接生活、注重探究、开放包容"的教育理念，致力于培养"亲自然、爱生活、乐探究"的幼儿品质，培育"爱幼儿、勤学习、善沟通"的教师风尚，努力营造师、幼、亲、园共生发展的教育生态。

　　陈鹤琴先生曾指出：爱自然是儿童的天性，透过这种天性，可以培养儿童爱科学、爱劳动的品格。《3—6岁儿童学习与发展指南》明确提出，幼儿要"引导幼儿生活自理或参与家务劳动""能使用简单的劳动工具或用具"，要"尊重为大家提供服务的人，珍惜他们的劳动成果""初步了解人们的生活与自然环境的密切关系，知道尊重和珍惜生命，保护环境"；教师要"支持幼儿在接触自然、生活事物和现象中积累有益的直接经验和感性认识"。2018年，全国教育大会上，习近平总书记特别强调要在学生中弘扬劳动精神，提出要教育引导学生崇尚劳动、尊重劳动，懂得劳动最光荣、劳动最崇高、劳动最伟大、劳动最美丽的道理，长大后能够辛勤劳动、诚实劳动、创造性劳动。

　　2021年初，在虞永平教授的大力支持下，海口教育幼儿园13个班级的老师，带着前期对幼儿生活化探究性主题活动实践研究的经验和思考，开启了幼儿饲养劳动教育的探索之旅。老师们做了大量调查和研究，也展开了深入的讨论和交流，初步制定了"尊重幼儿兴趣特点、利用本土环境资源、营造饲养劳动环境、生成饲养劳动主题、培养意识能力品质、提炼饲养劳动经验"的实践路径。幼儿园从时间、空间、环境、材料等多方面为幼儿开展饲养劳动提供了全方位的支持；也通过"专家引领+园本教研"和"园内实践+社会实践"帮助教师获得饲养劳动基本知识技能，树立"以劳润德、以劳启智、以劳健体、以劳育美"的理念，探索饲养劳动教育的方法和路径。实践研究开始后，孩子们经常在动物角观察、照顾小动物，一起制订饲养计划，使用工具打扫小动物窝巢，认真照顾小动物的生活，共同讨论并解决遇到的问题……孩子们所呈现出的对自然的渴望与好奇，以及对生命的呵护与关爱，深深地感染着幼儿园的每一个人。

2021年秋季，我园饲养劳动教育从"局部开花"变成了"全园绽放"，总园21个班及分园6个班全面实施饲养劳动教育，每班都有孩子们自己选择的饲养对象，每班都形成了班本化饲养劳动主题活动。一场场伴随着饲养劳动教育而生的奇妙之旅融入了幼儿的生活，植根于幼儿的心灵，小动物的到来给幼儿园增添了活力，饲养劳动唤起了孩子们对生命的尊重和喜爱，他们的任务意识、责任意识被激发，自我服务能力、劳动能力、思维能力和学习品质都获得了提高。饲养劳动教育也燃起了教师的热情，老师们申请了海口市教育科学规划课题"以儿童为主体的探究性饲养活动的实践研究"，6位青年教师组团，申请在市级课题下开展小课题研究，饲养劳动教育在我园如火如荼地展开。

2022年，随着我园对外开放和专业交流工作的开展，省内外共计10所姐妹园加入幼儿饲养劳动教育的研究和实践阵营，这些园有的在城区，有的在乡镇，有的是成熟园，有的是新建园……我们因为共同的教育理念和目标走到一起，共同感受到幼儿饲养劳动教育给园所带来的可喜变化：一是孩子们的全面发展——透过饲养劳动，孩子们的学习能力、劳动品质、表征记录、社会交往、表达交流水平都有所提升；二是教师的专业成长——伴随饲养劳动教育的发生，老师们的教育观、儿童观、生命观也发生了变化，她们在和幼儿一起饲养、一起探索的道路上，学会了尊重幼儿、尊重生命、呵护生命，他们观察、聆听、记录、思考、支持、回应、总结及评价等专业能力均有所提高；三是教育生态的良性影响——通过饲养劳动教育，家长们认识到环境和生活对幼儿教育的价值，主动带领孩子们参与社会体验、主动参与幼儿饲养劳动教育。幼儿饲养劳动教育以其鲜活的生命力感染着、改变着我们每一个人，让我们真正地感受到"教育，就是一个生命唤醒另一个生命"。

回顾我们所经历的饲养劳动教育，我们脑中浮现的是一幅幅孩子们和小伙伴、老师、家长一起照顾生命、探究生命奥秘的生动画面，这些画面里闪现着孩子们宝贵的劳动品质，也凝聚了老师们的专业智慧，饱含着家长们对饲养劳动的大力支持。

  感悟当下，我们欣喜于饲养劳动给我们带来的温暖；瞭望未来，我们深信饲养劳动教育为孩子们创造了更多可能！让我们和幼儿一起，用劳动创造更美好的生活，成就更美好的自己！

目录

第一章 幼儿饲养劳动概述

一、劳动 　　003
（一）"劳动"的定义 　　003
（二）"劳动"的内涵 　　003
（三）劳动价值 　　005

二、幼儿劳动 　　006
（一）幼儿劳动的定义 　　006
（二）幼儿劳动的特点 　　006

三、幼儿劳动教育 　　007
（一）"幼儿劳动教育"的定义 　　007
（二）西方的幼儿劳动教育思想 　　008
（三）东方的劳动教育思想 　　009
（四）新时代中国劳动教育思想 　　010
（五）幼儿劳动教育的价值取向 　　011

四、幼儿饲养劳动及其教育 　　013
（一）饲养 　　013
（二）幼儿饲养劳动 　　015
（三）幼儿饲养劳动教育 　　023

五、幼儿饲养劳动教育的现状和困境 　　034
（一）国外幼儿饲养劳动教育现状 　　034
（二）我国幼儿饲养劳动教育的现状 　　036

　　　　（三）我园饲养劳动教育实践现状　　　　　　　　　　　　　037
　　　　（四）幼儿饲养劳动教育的普遍困境　　　　　　　　　　　042

　　六、幼儿饲养劳动教育的建议　　　　　　　　　　　　　　　　044
　　　　（一）端正劳动教育思想理念，创造饲养劳动机会　　　　　044
　　　　（二）大胆改革课程　　　　　　　　　　　　　　　　　　044
　　　　（三）做细做实饲养劳动教育管理　　　　　　　　　　　　045

第二章　幼儿园饲养劳动组织实施

　　一、饲养前，讨论与决策　　　　　　　　　　　　　　　　　　049
　　　　（一）"讨论与决策"的主体　　　　　　　　　　　　　　049
　　　　（二）"讨论与决策"的方式　　　　　　　　　　　　　　054
　　　　（三）"讨论与决策"的内容　　　　　　　　　　　　　　062
　　　　（四）"讨论与决策"的操作建议　　　　　　　　　　　　063

　　二、饲养中，饲养与劳动　　　　　　　　　　　　　　　　　　065
　　　　（一）"饲养与劳动"的内容要求　　　　　　　　　　　　065
　　　　（二）对"饲养与劳动"的多元支持　　　　　　　　　　　090

　　三、饲养后，小结与评价　　　　　　　　　　　　　　　　　　108
　　　　（一）饲养劳动的交流与分享　　　　　　　　　　　　　　108
　　　　（二）饲养劳动的小结与评价　　　　　　　　　　　　　　111

第三章　幼儿园饲养劳动课程管理

　　一、幼儿园饲养劳动的学习形式与策略　　　　　　　　　　　　121
　　二、幼儿园饲养劳动课程的管理与教研　　　　　　　　　　　　124
　　　　（一）"观察＋倾听"，关注游戏价值，做好课程孵化　　　124
　　　　（二）"教研＋审议"，关注支持策略，做好课程推进　　　124
　　　　（三）"建档＋评价"，关注反思优化，提升课程质量　　　126

第四章　幼儿园饲养劳动实践案例

一、蚕宝宝变形记　　　131
（一）讨论与决策　　　131
（二）饲养与劳动　　　132
（三）总结与评价　　　136

二、爱生蛋的芦丁鸡　　　141
（一）讨论与决策　　　141
（二）饲养与劳动　　　142
（三）总结与评价　　　148

三、罗氏虾的新衣裳　　　149
（一）讨论与决策　　　149
（二）饲养与劳动　　　151
（三）总结与评价　　　156

四、小香猪爱洗澡　　　158
（一）讨论与决策　　　158
（二）饲养与劳动　　　160
（三）总结与评价　　　166

后记　　　170

第一章 幼儿饲养劳动概述

一、劳动

（一）"劳动"的定义

《现代汉语词典》对"劳动"的解释为"人类创造物质或精神财富的活动"。《牛津英语词典》对"劳动"（labor）的解释为"以满足共同体物质需要为目标指向的体力上的尽力"，其语境为"特别是在困难或强迫的情况下，需要付出身体或脑力努力的活动"。

英国哲学家、心理学家洛克（John Locke，1632—1704）认为劳动是价值（value）的真正创造者，是运用心智和身体的力作用于对象的行动，也是耗费自己力量的辛苦行动①。劳动决定着人的情感、思想和行动，在反复开展劳动实践的过程中，心智和身体会逐渐习惯某种特定的行动方式和状态，只有通过劳动来养成良好的习惯（habit）②，才能使人发挥出各种身心的潜在能力，将这些能力塑造成形，使自己获得各种规定性，从而真正认识自己，获得真正的自我，成为一个真正的人③。

德国思想家、政治学家、哲学家、经济学家、革命理论家、历史学家和社会学家，全世界无产阶级和劳动人民的革命导师卡尔·马克思（Karl Heinrich Marx，1818—1883）创立了广为人知的历史唯物主义。马克思认为，劳动是人以自身活动来中介、调整、控制人与自然之间物质变换的过程，劳动力的使用就是劳动本身④。

（二）"劳动"的内涵

1. 劳动是人类有目的的活动

马克思指出，"人的劳动与动物的劳动最本质的区别在于，人的劳动，是有目的的劳动"。他解释道："蜘蛛的活动与织工的活动相似，蜜蜂建筑蜂房的本领使人间的许多建筑师感到惭愧。但是，最蹩脚的建筑师从一开始就比最灵巧的蜜蜂高明的地方，是他在用蜂蜡建筑蜂房以前，已经在自己的头脑中把它建成了。"⑤这个生动的比喻，鲜明地揭示了人的劳动与动物的劳动的本质区别，在于人的劳动是有目的地改造社会的行为。

---

① ［英］约翰·洛克.政府论（下篇——论政府的真正起源范围和目的）［M］.叶启芳，瞿菊农，译.北京：商务印书馆，1964：19.
② ［英］约翰·洛克.人类理解论［M］.关文运，译.北京：商务印书馆，1959：376，309.
③ ［美］迈克尔·扎科特.自然权利与新共和主义［M］王紫兴，译.长春：吉林出版集团有限公司，2008：378-379.
④ 马克思.资本论（纪念版）·第一卷［M］.北京：中共中央马克思恩格斯列宁斯大林著作编译局，编译.人民出版社，2018：207-208.
⑤ 马克思.资本论（纪念版）·第一卷［M］.北京：中共中央马克思恩格斯列宁斯大林著作编译局，编译.人民出版社，2018：208.

2.劳动就是劳动力的使用

就劳动力而言,劳动可分为脑力劳动、体力劳动与生理力劳动。体力劳动是指以人体肌肉与骨骼的劳动为主,以大脑和其他生理系统的劳动为辅的劳动;脑力劳动是人类特有的劳动方式,指以大脑神经系统的劳动为主,以其他生理系统的劳动为辅的人类劳动;生理力劳动是指除了体力劳动和脑力劳动之外,以恢复、加强生理机能或以生育为核心的主体劳动形式,分为恢复性、加强性、生育性生理力劳动。人体是复杂系统的统一,因此,体力劳动、脑力劳动、生理力劳动往往相互依存、相互促进、互为补充。

以幼儿饲养劳动为例,一名幼儿喂养了兔子,他会对有关兔子的图画书特别感兴趣,会在生活中观察兔子,并向成人提出很多关于兔子的问题,这个过程中就产生了一定的脑力劳动,而当他用刀切胡萝卜、白菜去喂兔子,就会运用到他的四肢和力量,发生了体力劳动;当他打扫完兔砂、清洗完兔笼,体力被消耗,也许会觉得疲累,可是经过睡眠和休息后,生理力就发挥作用,他的体能又迅速得到恢复,这就产生了生理力劳动。

3.劳动的要素及其关系

(1)劳动对象

劳动对象是指人们把自己的劳动加于其上的一切东西。自然中的一切,山川湖海、土地树木、牛、羊、鸡、兔、犬等,都可以成为劳动对象。劳动对象是生产力三大要素中最基础的要素,缺少了劳动对象,就不能生产任何产品,也谈不上劳动。劳动对象的数量、质量和种类,对于生产力的发展有很大的影响。就饲养劳动而言,养一头牛和养一只羊,其产量是不一样的,黑山羊和绵羊的产品价值也是不一样的。随着科学技术的进步,人们不断发现自然界许多新的有用物质(比如从泥土中发现金属),或者发现物质的许多新的有用属性(比如动物粪便产生的沼气可以发电),从而使劳动对象的范围进一步扩大,劳动对象更加多样化。

(2)劳动原料

劳动者通过劳动,使劳动对象发生变化,劳动对象就成为劳动原料。比如,将太阳光转化为能源,用来照明;将泥土加工成砖瓦,用来盖房子;将草木浸泡后加工为纸张,用来印刷书籍;将牛驯化,架上犁耙,用来耕地;将鸡蛋加入面粉中,制作成美味的蛋糕……这时,自然中的这些劳动对象就成为劳动原料。

(3)劳动手段

劳动手段也称劳动资料,劳动者借助一定的物体,将自己的活动传导到劳动对象上去,这些物或物的综合体就是劳动资料。比如,人们使用凿子将石头做成石槽,用来盛放动物的饲料;用扫把和水来清洗动物居住的棚舍。这些加工石槽用的凿子、锤子,清洗棚舍时所用的扫把、水,就成为劳动资料、劳动手段。

综上所述,劳动是劳动者使用劳动力,对劳动对象进行改造,形成劳动成果的过程,劳动力、劳动对象、劳动原料、劳动手段互相影响,不可分割。

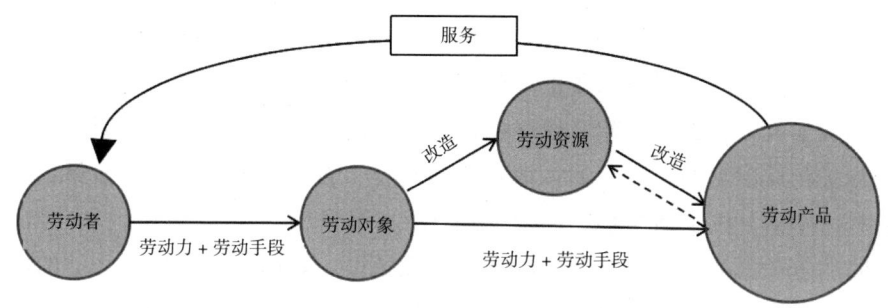

劳动中各要素的关系

(三)劳动价值

1.劳动具有个体价值

首先,劳动促进个体身体健康和大脑发育。马克思说:"劳动创造了人本身。"科学的、安全适宜的劳动,可以促进个体的生长发育,改善个体的生理素质和机能,增强个体的肌肉力量和耐力,加速疲劳肌肉的恢复,优化心肺功能和新陈代谢,提高肌肉运动效率和关节灵便程度,促进人的身体健康。劳动离不开动手,动手可以使幼儿的脑细胞得到外部更多的刺激,加快脑细胞发育,促进智力发展。经常动手劳动的人,记忆、注意转化、抑制控制等认知能力也会得到提升。

其次,劳动促进个体实践水平的提升。人的知识和技能不是凭空发展出来的,而是在长期的劳动实践中逐步获得的,劳动在创造物质财富的同时,也在创造新的理论和知识,催生更加有效的技能和方法。知识源于劳动实践,也服务于劳动实践,提升劳动效能。知识的发展和理论的形成,与劳动实践有着本质的联系,密不可分。个体在劳动中运用已有的知识解决问题,在劳动中发现新的问题,运用观察、比较、分析等方法,形成自己解决问题的独特策略和应对举措,人类通过劳动,将个体的身体要素、原认知与劳动对象、认知对象有效地连接起来,使抽象的知识、技能和价值观念经由具体的、鲜活的劳动实践和身体感知逐步转化为人的知识架构、经验方法、价值自觉,从而提升人的认知能力和实践水平。

再次,劳动提升人的生活质量和意志品质。劳动使人更加坚毅。劳动是人改造世界的过程,这个过程是需要付出努力、克服困难、解决问题的过程,也是磨炼人的意志,培养专注、耐心、勇气、坚毅等精神品质的过程。劳动也使人获得快乐。个体付出了劳动和努力,在收获劳动成果时,会体验到劳动的成就感和获得感;热爱劳动的人沉浸在劳动中,会获得发自内心的愉悦体验;心情不佳的人参与劳动,能有效地转移情绪，忘却烦恼，放松精神，缓解压力。劳动使人感受美、创造美。劳动者在大自然中劳动，可以感受自然之美；劳动者创造劳动产品，会思考产品的外观、形状、颜色、材质，能感受到劳动所创造的美。

2. 劳动创造社会价值

劳动可以分为生产劳动和非生产劳动。生产劳动一般是指直接用于创造物质财富的劳动，如工业、农业、建筑业、运输业、商品包装业等；非生产劳动，则是指不直接创造物质财富的劳动，如一般商业劳动者、教育工作者、文艺工作者和医生等人的脑力劳动，以及某些服务性行业的劳动，等等。

不同的劳动形成不同的劳动产品，从不同角度、不同程度上满足人类的需要，产生不同的社会价值。马克思劳动价值论阐明了具体劳动和抽象劳动在商品价值形成中的不同作用，分析了什么样的劳动形成价值、为什么形成价值及如何形成价值，揭示了商品经济的一般规律。习近平总书记在多个场合、多次提及劳动和劳动者，指出"全面建成小康社会，进而建成富强民主文明和谐的社会主义现代化国家，根本上靠劳动、靠劳动者创造"。

二、幼儿劳动

（一）幼儿劳动的定义

幼儿的劳动是指幼儿通过身体或体力活动，达到服务自己和他人的目的。从最本质的意义上来讲，幼儿的劳动就是幼儿同物质世界的相互作用①。

（二）幼儿劳动的特点

幼儿的劳动建立在幼儿自身的兴趣爱好、生活经验、发展水平之上，是简单的、安全的、有趣的、生活化的探索和体验，也是幼儿综合的学习，具有如下特点：

1. 幼儿劳动无功利性目的

区别于成人劳动看重外部结果、期望利益最大化，幼儿劳动以满足自我的兴趣和需要为目的，重在参与和体验。劳动，对于幼儿而言，某种程度上就是游戏，是本能，幼儿不会通过劳动来获取报酬，其劳动往往不存在外部的压力，没有功利目的。心理学研究证明，外部激励是难以持久的，因此，只要幼儿自主自发参与的劳动，幼儿就能全身心地投入，从中获得愉悦的情感体验。幼儿劳动过程中，家长或其他成人应该尊重幼儿好奇好动的天性，以激发兴趣、培养爱好、帮助获得成就感等内部激励措施或策略，来培养幼儿的劳动态度、劳动习惯和劳动能力。

---

① 虞永平. 劳动是幼儿综合的学习［J］. 今日教育·幼教金刊，2019（2）：8-10.

2.幼儿劳动以行动为基础

幼儿思维处于前运算阶段，直接感知、实际操作、亲身体验是幼儿重要的学习方式，这个阶段的幼儿难以以间接符号的方式进行纯粹的脑力劳动。幼儿的生长发展规律告诉我们，大多数婴儿4个月就可以用手拿奶瓶，8个月就能够抓起食物往嘴巴里送；在1—2岁，幼儿就能够比较熟练地用勺子和叉子吃东西，模仿家人的劳动动作；3—4岁时，可以自己刷牙，能将玩具和图书放回原处，能用小勺子给动物喂食；4—5岁时，能自己穿脱衣服、鞋袜，能自己扣纽扣、使用筷子，可以帮助打扫动物棚舍；5—6岁时，可以自己系鞋带，能分类收拾整理物品，能运用安全刀具切蔬菜，能用量杯量勺给小动物喂食。这些都是幼儿依赖身体或体力进行的简单的劳动，是以行动为基础的劳动。

3.幼儿劳动是主动、积极、愉悦的

杜威认为，人生来即有"制造、交际、表现、探索"四种本能，这四种本能，使人产生制作、语言和社交、艺术表现与探究发现四种兴趣，为人的学习与活动提供心理基础和动力。幼儿的劳动，源于幼儿对世界的好奇与探索，过程中必然充满发现和创造、艺术表现和社会交往等，因而，幼儿在劳动中是主动的、积极的。

4.幼儿劳动内在价值大于外在价值

幼儿的劳动是幼儿运用自己的身体动作与外部世界持续发生交互作用过程，幼儿的劳动伴随着学习与思考，是幼儿脑力劳动与体力劳动的有机结合，也是幼儿认识世界、改造世界的过程，是幼儿重要的发展方式。一方面，幼儿在实现自己的目的时要运用四肢、活动身体，这种运动调动了幼儿的大小肌肉，刺激了幼儿脑部神经的发展和智力的提升，也促进了幼儿的运动协调能力；适当的体力劳动还可以增进幼儿的食欲，促进幼儿身体的新陈代谢，使幼儿的身心得到协调发展，实现从不成熟走向成熟。另一方面，幼儿在劳动当中，为了满足自己的兴趣和需要，会与同伴交流，会向成人求助，从而获得新的知识和经验、技能和技巧，建立起对外部世界新的认知；适宜的脑力劳动，能充分调动幼儿的主动性，激发幼儿的创造性，培养幼儿良好的劳动习惯和自尊、自信、独立、专注、坚持性等优良的个人品质，能促进幼儿同伴之间的相互交往、分工合作，让幼儿体验到帮助他人的快乐，涵养幼儿积极的劳动态度，帮助幼儿从自然走向社会，由个体走向群体。因此，幼儿劳动的价值超越了劳动本身，内在价值超越了外在价值。

三、幼儿劳动教育

（一）"幼儿劳动教育"的定义

陈鹤琴在《幼儿教育的新动向》中提出："劳动教育，是教育者向受教育者施加的一种以劳动观念、劳动习惯、劳动知识技能为教育内容的活动。"

有学者认为，幼儿劳动教育是有组织有目的的教育，是德育的一部分，其目的在于培养幼儿树立正确的劳动态度和习惯，养成热爱劳动、尊敬劳动者的情感，能主动爱惜劳动成果并掌握一定的劳动技能，包括幼儿亲身参与劳动实践和学习模仿他人的劳动两条途径。

本研究团队认为，幼儿劳动教育是通过多种教育方式，引导幼儿通过直接感知、亲身体验和实际操作，来学习使用简单的劳动工具，进行适宜的劳动，从而获得初步的劳动经验，并建立起对自我的认知以及对外部世界的理解，养成热爱劳动、珍惜劳动成果、尊重劳动人民的品质的教育活动。

幼儿的劳动教育是贯穿于幼儿的一日生活中的，从在家里学会自己穿衣服、自己收纳玩具，到在幼儿园里自己叠被子、擦桌子，担任小小值日生、小小厨师、小小饲养员、小小种植员，再到走向社区担任小小清洁工、小村长，走进大自然担任小小护林员、小小河长……幼儿劳动教育充分与生活、社会、自然融合。教师和家长是幼儿劳动教育的主要的设计者、引导者、支持者和陪伴者，教师和家长应该充分为幼儿开展适宜的劳动创造机会，提供环境和材料支持，要始终遵循幼儿的认知特点和身心发展特点，尊重个体差异，以安全劳动、快乐劳动、适宜劳动、启智劳动为基本原则，将劳心和劳力、动手和动脑、思维启发与身体锻炼融为一体，灵活运用体验式、情境式、模仿式、互动式等方式实施幼儿劳动教育，最终达到激发幼儿劳动兴趣、帮助幼儿养成良好的劳动习惯、丰富幼儿的劳动经验、促进幼儿健康全面发展的目标。

（二）西方的幼儿劳动教育思想

西方的幼儿劳动教育思想呈现出一个丰富而深刻的发展历程，其核心在于强调劳动对于幼儿成长与教育的重要性，多位学者、教育家各自从不同角度阐述了劳动教育的独特价值与实践路径。

英国哲学家洛克从经济与社会责任角度探讨了劳动的价值。他认为，劳动不仅创造财产，还培养了儿童适度的欲望、专注、勤劳等优秀品质。他鼓励儿童通过劳动制造玩具等，从而学会珍惜与自我管理，"学得欲望适度、专注、勤劳、好思、设计和节俭等诸种品质"。

卢梭作为自然教育思想的先驱，将劳动视为自然教育的重要方式，认为劳动是儿童学习、成长和融入社会的必经之路，同时，他也从自然主义教育的基本理念出发，指出"不是任何劳动都有相等的价值，作为教育者，在为儿童选择劳动对象时，不能忽视劳动的教育性"。他认为，劳动教育是智育的重要补充，在发展儿童的智力的同时，还应注意对儿童进行劳动教育，学以致用，行以求知；强调劳动教育要处理好学生与教师、禀赋与兴趣、劳动与学习、劳动与生活的关系，选择劳动内容时应注意实用性、适宜性、卫生与趣味性①。

福禄贝尔则深化了劳动的精神内涵，将劳动视为人类精神本质的体现，认为劳动不仅满足物质需求，更是认识自我、展现神性的途径。他强调劳动教育应从小开始，提倡不论幼童、少年还是青年，每天至少要有一至两小时专心劳动，由此来体验、学习和理解，以正确地观察并认识事物、时间、空间的特性及相互关系②；鼓励通过游戏、饲养、木工、手工等活动培养儿童的劳动能力和勤勉意识，为未来的生活奠定基础。在福禄贝尔的教育实践中，劳动是一种综合性的教育活动，旨在促进儿童体力、创造力、合作与分享能力的发展。

蒙台梭利则更加注重劳动在儿童个性塑造与自我实现方面的作用。她认为人是在劳动中成长起来的③。通过劳动可以培养儿童的秩序感、精细动作、专注力等优秀品质。她强调工作（劳动）是儿童的基本能力，通过自由操作与创新建构，儿童可以获得多方面的能力发展，实现个性的完善与自我价值的实现。

综上所述，西方幼儿劳动教育思想的发展呈现出一种从物质生产到精神塑造、从社会责任到个人成长的逐步深化的趋势。这些思想家们不仅强调了劳动在儿童教育中的必要性，还各自从独特视角出发，探讨了劳动教育的多元价值与实践路径，为现代幼儿教育提供了宝贵的启示与借鉴。

（三）东方的劳动教育思想

东方的劳动教育思想同样展现出了深厚的底蕴与独特的发展脉络，其核心在于将劳动视为教育不可或缺的重要组成部分，并强调劳动在促进儿童全面发展中的关键作用。

马卡连柯是东方劳动教育思想的杰出代表，他强调了劳动在人类生活中的基础性地位，认为劳动不仅是创造物质财富的手段，更是培养人类文明与幸福的重要途径。他主张家庭劳动教育是劳动教育的起点，与学校教育相辅相成，共同构成完整的劳动教育体系。同时，他还强调了社会劳动实践的重要性，认为劳动教育必须与生产劳动紧密结合，让学生在实践中学习、成长④。

苏霍姆林斯基则进一步深化了劳动教育的内涵与价值，他认为真正的教育是离不开劳动的，劳动教育不仅有助于发展学生的智力与身体素质，更是促进学生全面发展的重要途径。他提出了劳动教育的十二条原则⑤，这些原则涵盖了劳动教育的

---

① 郭志明，成建丽.劳动教育：人全面发展的重要场域——卢梭自然主义劳动教育思想评析[J].天津师范大学学报（社会科学版），2021（02）：54-59.
② [德]福禄培尔.人的教育[M].孙祖复，译.北京：人民教育出版社，2001.
③ [意]玛丽亚·蒙台梭利.童年的秘密[M].马荣根，译.北京：人民教育出版社，2005.
④ [苏]马卡连柯.儿童教育讲座：第六讲 劳动教育[M].诸惠芳，译.石家庄：河北人民出版社，1997.8.
⑤ [苏]苏霍姆林斯基.帕夫雷什中学[M].北京：教育科学出版社，1983.

全面性、个性发展、道德性、公益目的性、普遍性与长期性等多个方面，为劳动教育的实施提供了具体的指导和依据。苏霍姆林斯基的劳动教育思想对我国的劳动教育产生了深远的影响，为我国劳动教育的实践与发展提供了宝贵的经验与启示。

在中国，陈鹤琴先生提出了"活教育"思想①，他主张儿童应在与大自然、大社会的直接接触中，在亲身观察中，来获取经验和知识。他将劳动教育纳入自然活动，认为劳动教育是促进儿童体、德、智、美、劳诸方面全面发展的重要途径。陈鹤琴先生将幼儿劳动教育分为日常生活劳动教育、学习劳动教育和生产劳动教育三个层次，这种分类方式不仅涵盖了儿童生活的各个方面，也体现了劳动教育在促进儿童全面发展中的重要作用。同时，他提出的"五指活动"课程理念，也强调了幼儿园课程之间的整体性与连通性，为劳动教育的实施提供了更为广阔的空间与可能。

综上所述，东方的劳动教育思想呈现出一种从家庭到学校、从社会到自然、从理论到实践的逐步深化与拓展的趋势。这些思想家们不仅强调了劳动教育的重要性与必要性，还各自从独特视角出发，探讨了劳动教育的内涵、价值与实施路径，为现代劳动教育的发展提供了宝贵的经验与启示。同时，他们的思想也体现了东西方文化的交流与融合，共同推动了劳动教育在全球范围内的普及与发展。

（四）新时代中国劳动教育思想

习近平总书记高度重视劳动教育。党的十八大以来，他多次围绕"劳动的价值""弘扬劳动精神""构建和谐劳动关系"等内容进行深刻阐述。习近平总书记指出：人世间的一切幸福都需要靠辛勤的劳动来创造；人民创造历史，劳动开创未来，劳动是推动人类社会进步的根本力量；要在学生中弘扬劳动精神，教育引导学生崇尚劳动、尊重劳动，懂得劳动最光荣、劳动最崇高、劳动最伟大、劳动最美丽的道理，长大后能够辛勤劳动、诚实劳动、创造性劳动；加强对广大青少年的教育，让劳动最光荣、劳动最崇高、劳动最伟大、劳动最美丽的观念蔚然成风，让全体人民进一步焕发劳动热情、释放创造潜能，通过劳动创造更加美好的生活。

著名学前教育专家、南京师范大学虞永平教授则指出：幼儿的劳动，从最本质的意义上来讲，就是同物质世界的相互作用，与皮亚杰所说的"幼儿与外部世界相互作用，从而主动建构经验"的学习方式是一致的；在劳动过程中，幼儿使用工具或材料改变客观世界，达到自己的目的，并对包括劳动者在内的人产生一定的影响②。虞教授根据劳动的社会性发展水平，将幼儿劳动分为为自己劳动、共同劳动（在集体中劳动）、合作劳动、为集体劳动；根据劳动对象，将幼儿劳动分为面向

---

① 陈鹤琴.家庭教育［M］.北京：商务印书馆，2019：25.
② 虞永平.劳动是幼儿综合的学习［J］.今日教育·幼教金刊，2019（2）：8-10.

人的劳动（包括自我服务劳动和社群服务劳动）、面向自然的劳动（种植劳动和饲养劳动）以及面向物品的劳动（工艺劳动和工程劳动）。

（五）幼儿劳动教育的价值取向

陈鹤琴认为，"凡是儿童自己能够做的，应当让他自己做"[①]。幼儿阶段的劳动教育，应以培养幼儿的实际动手能力、自我管理能力以及社会适应能力为目的，通过劳动教育，使幼儿掌握穿衣、洗脸、梳头等基础的劳动技能；通过劳动为幼儿提供实际操作经验，促进他们对自己的认识和理解，从而培养幼儿的自我管理能力；通过劳动为幼儿提供接触社会的机会，促进幼儿建立良好的人际关系，培养幼儿的社会适应能力。

其他一些学前教育专家还强调：幼儿的劳动无功利性的目的，幼儿劳动的内在价值远大于其外在价值[②]；劳动、做事是幼儿学习的重要方式，幼儿的学和老师与家长的教是一种活动的两个侧面[③]，幼儿怎么学，老师和家长就怎样教；劳动教育是幼儿园课程不可或缺的部分，课程当中要有劳动的内容，要重视劳动教育的价值，把劳动纳入幼儿园课程规划。

本研究团队认为，幼儿劳动教育以满足幼儿的兴趣和需要，促进幼儿情感和态度、知识和技能、方法和能力融合发展为目标，通过运用劳动工具、创设劳动情境、发现和解决劳动问题，融合语言表达、自然观察、科学探究、艺术表征等多种方法，促进幼儿身心全面发展。具体体现在以劳润德、以劳启智、以劳健体、以劳育美。

1. 以劳润德

幼儿在劳动中获得自我兴趣的满足，萌发"劳动最光荣、劳动最崇高、劳动最伟大、劳动最美丽"的思想和情感，幼儿劳动教育的首要价值是帮助幼儿树立劳动意识，培养其健全的人格，帮助幼儿形成社会公德。要鼓励幼儿"自己的事情自己做"，让幼儿体会到劳动可以使自己更加方便，形成独立自主的人格；鼓励幼儿做力所能及的事情，帮助幼儿体会到劳动的喜悦，树立"我能行"的自信心；在劳动中，让幼儿理解劳动需要付出劳动力，周围的一切都是劳动创造出来的，从而形成勤俭节约的意识；鼓励幼儿到大自然中劳动，让幼儿感受到自然资源和劳动材料的珍贵，养成"不浪费""再利用"的意识；鼓励幼儿参与社会劳动，让幼儿在大社会里理解人人都在为"我"服务，形成"我"也应该学会为"人"服务，形成"谢

---

① 陈鹤琴.家庭教育[M].北京：商务印书馆，2019.
② 刘颖.发挥劳动教育在学前阶段的重要价值[J].动漫界·幼教365，2020（20）：6-9.
③ 刘颖，李姗姗，覃馨，等.劳动教育：培养幼儿应对未来的"超能力"[J].动漫界·幼教365，2020（20）：6-14.

谢你"的感恩意识和"我来帮"的互助意识。

2. 以劳启智

鼓励和支持幼儿持续在园所、家庭、社会开展自我服务劳动、社群服务劳动、种植劳动、饲养劳动、工艺劳动、工程劳动，使幼儿感知外部世界的多样性和独特性，理解自然的四季轮回，动植物生长发育、繁殖和死亡，理解自己和外部世界的关系；在保证安全的前提下，为幼儿提供有趣的探究工具，支持幼儿和同伴、家长、教师一起想办法收集资料，做一些简易的调查或有趣的小实验，鼓励幼儿在劳动中不断观察、比较、操作、实验，尝试发现事物之间的联系和差异，在直接感知和亲身体验中获得丰富的感性经验；鼓励幼儿在探究过程中不断联想、猜测、假设、尝试，初步运用归类、排序、判断、推理的方式寻找答案或解决问题，用绘画、照相、做标本等办法记录观察和劳动的过程与结果，提炼劳动经验，使他们的形象思维、逻辑思维得到发展，知识和经验得到丰富和积累，引导他们在劳动后做好收拾整理，养成有利于终身发展的良好学习品质。

3. 以劳健体

不同形式的劳动，可以为幼儿的身心发展创造丰富的机会。幼儿运用劳动工具，可以促进手部动作的灵活性；幼儿参与适宜的劳动，可以发展身体平衡和协调能力，有利于呼吸功能、大小肌肉和骨骼的发育，也能促进新陈代谢，增强食欲，使身高、体重、神经系统功能、动作水平等身体素养与机能都获得较大提升。

4. 以劳育美

每个幼儿心里都有一颗美的种子，可以通过劳动促进幼儿感知美、领悟美、表现美、创造美①。应充分创造条件和机会，使幼儿在大自然和社会文化生活中萌发对美的感受和体验，丰富想象力和创造力，学会用心灵去感受和发现美，用自己的方式去表现和创造美②；应支持幼儿在大自然中劳动，感受自然丰富的形态和物种，感受自然中的风声、雨声、鸟鸣、花香，感受四季给花草树木带来的变化；应支持幼儿在生活、游戏和学习中劳动，感受材料或物品的造型、色彩、材质、肌理、功能，产生自己的喜好，形成自己的审美判断；应支持幼儿在劳动中用语言、绘画、泥塑、剪纸、撕纸、拼贴、歌唱、舞蹈、戏剧等多种形式表达美的情感，表现美的创造。

---

① 徐革.感知美，领悟美，欣赏美，创造美——谈在劳动与技术教育中培养学生的审美能力[C]// 江苏省教育学会.江苏省教育学会2006年年会论文集（综合一专辑）·江苏省常熟市徐市中心小学；2006：816-821.
② 中华人民共和国教育部.3—6岁儿童学习与发展指南[M].北京：首都师范大学出版社，2012：43.

四、幼儿饲养劳动及其教育

（一）饲养

"饲"，从食、从司，意为专职喂食。"养"，抚育，指供给生活品。饲养，即指培育与照料动物。

1. 饲养是人类对自然的改造

多个人类文明的发源地，很早就开始饲养动物。公元前 1.6 万年—公元前 1 万年间，西亚地区的凯巴拉（Kabra）已经拥有了矛和石箭镞等木-石复合工具，居民过着以狩猎和采集为主的生活，并以石质刮刀剥制兽皮蔽体；约旦南部沙漠的神秘古城佩特拉（Petra）附近，考古学家在同一时期的马达马格遗址发现了成群的兽骨，其中山羊骨占全部兽骨的 82%，显示当时人们已经开始大量饲养家畜；距今约 1 万年前的以色列西北部的法拉赫遗址（The ruins of Farah）出土了大量兽骨，其中羚羊骨占 74%；横跨亚欧大陆的土耳其的东南部，托罗斯（Taurus）山麓底格里斯河上游的赛米遗址（Hall an Cemi）中，也出土了大量年龄不满一岁的雄猪的骨头。同一时期，中国河北保定南庄头遗址出土了众多鸡骨、猪骨、狗骨，广西桂林甑皮岩洞穴遗址出土了大量猪骨，充分反映早期人类饲养牲畜的情况[①]。

饲养不仅满足了人类生存和生活的需要，也实现了人类对自然的改造。随着人们对饲养经验的不断积累和传承，人类逐步从捕兽发展到圈养，再发展到游牧放养、定居放牧，最终发展为规模化、标准化的现代农业。饲养业是人类社会第一次大分工的产物，标志着人类从此摆脱了对自然界的完全依赖[②]。人们在长期的饲养劳动中越发认识到人与自然的关系，意识到尊重动物生长规律以及合理利用环境资源的重要性，不断在饲料加工、棚舍建造、病疫防控、培育繁衍、加工储运等方面进行技术改造和优化，将生态可持续发展理论、现代生物技术、信息技术等广泛运用到饲养劳动中，使饲养业向着环保、优质、稳定、高产的方向协调发展，为人类的发展需要提供了强有力的支持。

2. 饲养对人类文化产生影响

追溯各国语言文字，我们发现，"牲畜"与"货币"息息相关。例如，拉丁语中的 pecunia（钱）来自 pecus，即"牲畜"；梵文中的 rupa，意思是"牲畜"，印度币卢比 Rupee，也是从这个词演变来的[③]。在中国，新石器时代出土的彩陶上

---

① 陈明远，金岷彬. 从甲骨文看史前狩猎与动物驯养［J］. 社会科学论坛，2014（5）：4-5.
② 刘嘉洋. 畜牧业对人类社会进步的贡献［J］. 理论观察，2016（10）：60-61.
③ 徐永林. 中国古代诚信源流及启示［J］. 质量春秋，2003（01）：36-40.

绘有各种鱼纹、鸟纹、壁虎纹、蛙纹、猪纹、羊纹，刻画了彼时人们对动物的敬仰；不少民族以动物为图腾，反映了人们对动物的崇拜；还有不少家族以动物或与动物有关的事物为姓氏，如马、牛、羊、熊、毛、皮、鸟等。牛、羊、马、猪、兔等，作为标记岁月的生肖，一直沿用到今天。在全世界范围，人们为了表达对动物的喜爱和感激之情，设立了形形色色的动物节。例如，每年8月11日是澳大利亚维多利亚州的羊节，牧羊人要为羊群鸣放鞭炮以驱邪，并致"祝节辞"；印度尼西亚加里曼丹岛北部地区的居民，将每年5月7日定为"猴节"，将糖果、糕点送给猴子，还演奏民间乐器庆祝；泰国的素辇，每年11月的第三个周末都要举行一次大象节，人们穿戴上古式盔甲，手持矛剑，骑在装扮华丽的大象背上，重现古代泰国人民争取独立时的威武场面，还进行驯象表演，直至夜幕降临，人们点起篝火，以丰盛的节日晚餐犒劳大象①。以上种种，无不反映了动物饲养与人类经济和文化的密切关系，反映饲养劳动对人类经济文化产生的重要影响。

3. 饲养是人类经济生活的重要组成部分

英国考古学家柴尔德（Childe, Vere Gordon）最早得出这样的结论：对食用植物尤其是谷物的自觉栽培，以及对野兽的驯化、饲养和选择，是人类历史上自掌握火以后最伟大的经济革命。

人们饲养的动物在古代已经被广泛用作"活货币"。古希腊荷马时代，以牛为代表的各类家畜是人们用以交换的主要物品；我国的大汶口氏族社会，猪作为重要的私有财产，也在交换中起着一般等价物的作用；比殷商时代更早的时候，牛、马等活畜也已成为交换媒介之一。

饲养发展到今天，更是全球经济生活中不可缺失的重要组成部分。2015年至2021年，中国居民人均年消费肉量总体呈上升趋势②，牧业绝对产值、渔业绝对产值也不断增长。2022年，全世界禽肉产量为1.388亿吨，猪肉产量1.246亿吨，牛肉产量7390万吨，羊肉产量1650万吨③。大量的统计数据反映了饲养活动所产生的社会经济价值，映射出饲养对人类社会经济和生活的重要性。

---

① 李鹏翔，李伊嘉.形形色色的动物节［J］.森林与人类，1999（10）：43-44.
② 国家统计局.中国统计年鉴2022·全国居民人均主要食品消费量［DB/OL］.（2022-09-30）［2024-09-16］http://www.stats.gov.cn/sj/ndsj/2022/indexch.htm.
③ 畜牧产业经济观察.2022年全球肉类市场趋势分析及2023年展望［J/OL］.（2022-12-07）［2024-09-16］https://www.chinameat.net/4597/202212/43961.html.

2015—2021年全国居民人均主要食品消费量
（数据来源：国家统计局·中国统计年鉴）

单位：千克

指标	2015-2021年人均消费量						
	2015	2016	2017	2018	2019	2020	2021
肉类	26.2	26.1	26.7	29.5	26.9	24.8	32.9
猪肉	20.1	19.6	20.1	22.8	20.3	18.2	25.2
牛肉	1.6	1.8	1.9	2.0	2.2	2.3	2.5
羊肉	1.2	1.5	1.3	1.3	1.2	1.2	1.4
禽类	8.4	9.1	8.9	9.0	10.8	12.7	12.3
水产品	11.2	11.4	11.5	11.4	13.6	13.9	14.2
蛋类	9.5	9.7	10.0	9.7	10.7	12.8	13.2
奶类	12.1	12.0	12.1	12.2	12.5	13.0	14.4

2015—2021年中国渔牧业绝对总产值
（数据来源：国家统计局·中国统计年鉴）

单位：亿元

产业	2015-2021年度绝对总产值						
	2015	2016	2017	2018	2019	2020	2021
牧业	28649.3	30461.2	29361.2	28697.4	33064.3	40266.7	39910.8
渔业	10339.1	10892.9	115771.0	12131.5	12572.4	12775.9	14507.3

（二）幼儿饲养劳动

伯恩（Bone J., 2013）主张让动物成为幼儿的"第四位老师"[1]。《幼儿园教育指导纲要（试行）》明确提出，幼儿要"爱护动植物，关心周围环境"，《3—6岁儿童学习与发展指南》强调，教师要关注幼儿学习与发展的整体性，要尊重幼儿发展的个体差异，要理解幼儿的学习方式和特点，要重视幼儿的学习品质[2]，并给出了"在探究中认识周围事物和现象""根据运动方式给动物分类，根据生长环境给植物分类，根据外部特征给物体分类"[3]等具体的教育建议。

---

[1] BONE J.The animal as fourth educator：A literature review of animals and young children in pedagogical relationships [J].Australasian Journal of Early Childhood，2013，38（2）：57-64.
[2] 中华人民共和国教育部.3—6岁儿童学习与发展指南[M].北京：首都师范大学出版社，2012：2.
[3] 中华人民共和国教育部.3—6岁儿童学习与发展指南[M].北京：首都师范大学出版社，2012：34-35.

幼儿饲养劳动不同于成人的饲养劳动，主要体现在成人饲养劳动的主要目的是改造自然、创造劳动价值，其根本性质为服务生活和生产的劳动，而幼儿的饲养劳动不带有功利性目标，主要是满足幼儿好奇好问的天性，让幼儿在劳动过程中习得一些方法，促进幼儿情感态度、认知理解的发展，其根本性质是幼儿综合的学习。具体而言，我们认为幼儿饲养劳动具有以下突出特点：

1. 饲养劳动满足幼儿好奇好问的天性

幼儿的天性是喜爱动物的。波尔（Born P., 2018）观察幼儿与动物之间的关系，发现：人在婴儿期就会对家里或其他地方的动物和宠物表露出好奇心和兴趣，会长时间地凝视动物，会伸手触摸动物，会跟动物打手势，会发出咕哝声，幼儿对动物的喜爱程度，相比于幼儿对植物的兴趣更胜一筹[①]。

本研究团队发现，幼儿在饲养动物的过程中会提出很多问题，如"蜗牛为什么会有壳？""蚂蚁为什么和自己的同伴互相碰头？""小兔子的鼻子为什么一直抖动？""小鸭子为什么长得比小鸡快？""鹌鹑蛋为什么有花纹？""小刺猬为什么会长刺？"等等。动物的外观和生活习性，不断吸引幼儿提出问题、探索世界。

2. 饲养劳动促进幼儿的情感发展

（1）幼儿饲养动物不带功利心

幼儿饲养动物没有功利目的。比如，大班小朋友喂养了几只鸡，他们每天都去鸡窝捡鸡蛋，却从来都不舍得吃，而是把一枚枚鸡蛋攒起来，孵化成一只只可爱的小鸡。教师问幼儿："小鸡长大以后会怎么样？"孩子们的回答是："会生鸡蛋，再孵出小鸡来。"教师再问："可不可以拿一些来做成食物给我们吃？"孩子们则齐声回答："不可以！"

（2）饲养动物使幼儿获得安全感

利物浦大学的卡里博士研究了宠物对孩子的影响，研究显示，宠物的一些肢体动作有助于孩子获得安全感。比如，当孩子害怕的时候，动物会围在孩子身边，给孩子勇气和鼓励；孩子哭泣的时候，动物会去舔孩子的脸，使孩子得到安慰。卡尔和洛克特（Carr S. & Rockett B., 2017）对8名儿童及其家庭进行纵向个案研究，分析相关数据并归纳主题，结果显示，孩子们与动物伙伴的关系，本身具有与依恋相关的功能，而且动物伴侣也有助于"软化"动物照顾者的认知，促进亲密关系的发展[②]。戈南和古勒（Gonen M. & Guler T., 2011）研究儿童的行为，他们发现：3岁

---

① BORN P.Regarding Animals: A Perspective on the Importance of Animals in Early Childhood Environmental Education [J].International Journal of Early Childhood Environmental Education, 2018, 5（2）: 46-57.

② CARR S., ROCKETT B.Fostering secure attachment: experiences of animal companions in the foster home [J].Attachment and Human Development, 2017, 19（3）: 259-277.

幼儿对未知动物的恐惧会明显减少；4岁幼儿能理解动植物对人类的重要性，避免可能的敌对行为，具有保护动物的态度；5岁幼儿能认识遇到的大部分动植物，知道哪些人类活动会伤害动物和植物；6岁幼儿知道善待周围动植物，具备了保护自然的意识和行为[①]。

海口市教育幼儿园研究团队持续5年跟踪观察了本园1400多名幼儿，发现在幼儿的视角里，成人、房屋、汽车都是"庞然大物"，而体型小巧、性格温和的动物则能给幼儿带来安全感。比如，个别小班新生有入园焦虑情绪，怎么哄也哄不好，但是如果把幼儿带到小溪边去看看锦鲤，或者带去小果园里找一找小松鼠，或者带他们去抱一抱小兔子，他们的焦虑情绪很快得到缓解。

（3）饲养动物有利于培养幼儿的同理心

心理学研究表明：2—3岁的幼儿已经能开始了解他人的感受，有过受伤经验的幼儿，能明白别人受伤时的痛苦，然后表示同情（赫尔戈维奇，蒙西，塞姆勒等，2002）[②]。通过对幼儿饲养劳动的研究，我们也发现，孩子们和小动物在一起，就会视小动物为自己的保护对象，能用自己的亲身体验去照料小动物。比如，我园小班幼儿饲养了小鸡，当时正是初春，天气较为寒凉，几只小鸡被冻死了，幼儿非常伤心和自责，他们哭泣着商量如何安葬小鸡，用绘画的方式表达了自己的歉意和思念，还集体为小鸡举行了安葬仪式。再比如，我园中班小朋友散步时，发现隔壁班级喂养的小鸭子正在吃小溪里的小锦鲤，孩子们紧张地赶走小鸭子，然后聚在一起讨论怎样保护小锦鲤，经过商量，他们计划给小溪建造围栏，防止小鸭子伤害小锦鲤，经过三次行动，在木工师傅的帮助下，他们成功地造好了围栏，把小鸭子挡在了小溪外面。

（4）饲养动物增强幼儿的责任心

正如人类学家白强尼所说的那样，孩子最强烈的友谊发生在他们和动物之间，因为有些时候，动物对孩子来说不仅仅是动物，更是孩子心中另类的存在。幼儿在饲养动物的过程中，会观察动物的生活习性，尽自己最大的努力去照顾小动物，从而逐渐增强责任心。比如，我园大班幼儿饲养了一只淘气的小香猪，这只小香猪在园子里跑来跑去，经常把其他班级饲养的动物的饲料拱翻。大班幼儿一面替小猪给其他班级的幼儿和小动物道歉，帮忙清理被小猪打翻的饲料，一面向老师询问："小猪老是掀翻其他小动物的饲料，是不是它没有吃饱？我们要不要多给小猪喂一些食物？"再比如，孩子们在幼儿园饲养了小兔子，他们不仅和小伙伴们一起

---

① GONEN M., GULER T.The Environment and Its Place in Children's Picture Story Books［J］. Procedia——Social and Behavioral Sciences, 2011, 15: 3633-3639.

② HERGOVICH A., MONSHI B., SEMMLER G., et al.The Effects of the Presence of a Dog in the Classroom［J］.Anthrozoös, 2002, 15(1): 37-50.

协商制订了给小兔子喂食、打扫兔窝的计划，还主动提出周末和爸爸妈妈一起来园照顾小兔子。在日复一日的照顾小动物的过程中，幼儿的责任心得到了很大的提高。

（5）饲养动物有利于培养幼儿的自尊心

本研究团队经过长期观察后发现，幼儿处理动物排泄物的过程会引发幼儿对卫生问题的思考和讨论。比如，中班小朋友饲养了小鸭子，他们发现，散养的小鸭子会"随地大小便"，幼儿园的草丛里、操场上，到处都是小鸭子的排泄物。于是，他们一边重新规划小鸭子的"生活区"，一边反观自己的行为，意识到随地大小便、乱扔垃圾、乱放东西等都是不文明的行为。可见，饲养劳动也能促进幼儿自尊心的发展和社会公德意识的形成。

综上所述，大量的理论研究和实践证明了美国生物学家爱德华·威尔逊（Edward O. Wilson, 2017）提出的"人天生具有亲生物性"假说[1]，也充分说明"幼儿与动物有着天然的情感联系，他们如同爱自己一样关爱动物"[2]。本研究团队认为，幼儿饲养劳动不仅能发展幼儿与动物的情感，也能发展幼儿对自我、对社会、对自然，以及对劳动本身的情感。

为了帮助教师明确不同年龄段的幼儿在饲养劳动中的情感态度发展目标，我们分析幼儿饲养劳动教育中可能产生的各类情感关系，结合幼儿的年龄特点和《发展指南》，梳理形成了"幼儿在饲养劳动中的情感态度发展"及相应的教育建议。

幼儿在饲养劳动中的情感态度发展

年龄段	动物	自我	社会	自然	劳动
小班	1.喜欢小动物。2.愿意亲近小动物。	1.能根据自己的喜好选择饲养的小动物。2.愿意为小动物做自己力所能及的事情。3.在和动物相处的过程中有初步的自我保护意识。	1.愿意和小朋友一起饲养小动物。2.愿意与老师、家长等自己熟悉的长辈一起开展饲养劳动。	1.喜欢大自然，愿意到自然中去进行饲养劳动。2.知道自然和动物之间的关系，初步形成珍惜自然、热爱动物的情感。	1.愿意照顾小动物，能主动给小动物喂食、喂水。2.喜欢劳动，享受劳动带来的快乐。

---

[1] WILSON E. O. Biophilia and the Conservation Ethic [M]//Evolutionary Perspectives on Environmental Problems. London: Routledge, 2017: 263-272.
[2] 教育部基础教育司.《幼儿园教育指导纲要（试行）》解读[M]. 南京：江苏凤凰教育出版社，2017：198.

续表

年龄段	动物	自我	社会	自然	劳动
中班	1.知道动物跟人一样也是有情感、有生命的,有独特的生活习性。 2.尊重动物的生活习性,愿意饲养小动物。	1.能按照自己的想法照顾小动物。 2.对照顾动物有信心,能自己进行的饲养劳动不愿意依赖别人。 3.敢于尝试有一定难度的饲养劳动任务。	1.喜欢跟同伴一起照顾小动物。 2.乐于到社区开展饲养劳动参观体验和实践活动。 3.初步理解饲养劳动在生活中的影响和意义,珍惜他人的劳动成果。	1.欣赏大自然的美,感受大自然的多样性,产生珍惜自然资源的意识。 2.初步了解自然与人及动物的关系,体验大自然的奇妙。 3.有保护大自然的意识,并愿意为之付出劳动。	1.有一定的责任感,能够按照计划主动给小动物喂水、喂食、打扫棚舍,乐于为动物制作食物。 2.在劳动中有卫生意识和安全意识,懂得爱惜劳动成果。 3.知道饲养劳动是持续的劳动,有坚持的态度和意愿。
大班	1.喜爱并尊重小动物,愿意长期照顾、饲养小动物。 2.珍爱动物的生命,能够主动想办法保护动物的生命及安全。	1.能主动在饲养劳动中发起活动或出主意、想办法。 2.愿意承担饲养劳动任务,不会做的事情愿意主动去学习。 3.知道自己是比饲养的动物更高级的生物,要比饲养的动物更具行为规则意识,懂得自尊、自律和自爱。	1.能够认同他人在饲养劳动方面的想法和做法,愿意与他人分享自己的劳动体会。 2.针对饲养方面的问题,能主动跟成人交流并求助,愿意听从他人的建议。 3.形成人人都要劳动的意识,懂得珍惜社会资源,能够主动参与社会实践活动,并尊重、珍惜他人的劳动。	1.进一步感受大自然的丰富与奇妙,对大自然产生尊重、敬畏的情感。 2.了解自然与人及动物的关系,感知自然规律对人和动物的影响。 3.有保护自然环境及动植物的意识,形成与自然和谐共处、友好并进的情感。	1.有强烈的任务意识,不怕脏和累,为了照顾好动物,愿意进行各类劳动。 2.在合作饲养劳动中树立"自己的事情自己做,别人的事情帮着做,集体的事情抢着做"等劳动意识。 3.有持之以恒、坚持劳动的意识,知道劳动成果来之不易,形成饲养劳动责任感。

教育建议:

➢ 为幼儿提供各种接触小动物的机会,引导幼儿在大自然中观察动物,如小鸟、蝴蝶、蝌蚪、青蛙、蜗牛等,激发幼儿的好奇心和探究欲,唤醒幼儿对动物的喜爱之情。

➢ 关注幼儿的感受,鼓励幼儿在饲养劳动中的选择和行为,让幼儿对自己在照顾动物过程中所做的事情有信心。

➢ 对幼儿在饲养劳动中出现的友好相处、主动交流、乐于分享等行为给予认可和肯定,让他们对自己的表现感到高兴和满足。

➢ 提供多种工具支持幼儿的劳动探索,对主动为集体做事情以及在饲养过程中有责任心的幼儿进行表扬,让他们认识到自己的优点和长处并为之感到自豪。

3. 饲养劳动促进幼儿认知和技能的发展

幼儿的知识来源于幼儿在饲养劳动过程中的直接感知和观察，尤其是在科学教育活动中，真实动物的介入，比动物的照片或录像资源更能激发幼儿深入学习[①]。稻垣（Inagaki，2011）研究饲养动物对幼儿的影响，发现在家中饲养金鱼的5岁幼儿比未饲养任何动物的幼儿能更合理地预测金鱼的反应并准确解释饲养流程，且对动物在新情境中的反应也能做出更多解释[②]。藤崎（Fujisaki，2004）调查三个年龄组的幼儿饲养兔子的活动，并基于幼儿照顾兔子的经验展开"动物心理"研究，发现年长的幼儿比年小的幼儿掌握了更多关于兔子的生物学知识[③]。

本研究团队以主题探究为基本形式助推幼儿饲养劳动教育，在3年的研究过程中，我园幼儿先后饲养了鸡、鸭、鹅、鸽子、鹦鹉、芦丁鸡等禽鸟类动物，兔子、荷兰猪、仓鼠、刺猬、猫、山羊等哺乳类动物，孔雀鱼、罗氏虾、田螺、锦鲤、鳝鱼、寄居蟹、蝌蚪、乌龟等水生动物或水陆两栖动物，以及蚕、蚂蚁等昆虫类动物共计约30种，幼儿亲历了饲养动物的全过程，不仅能准确讲述自己所饲养动物的名称、类型、外形特征，还能讲述这些动物的生活习性、生长变化和生命规律，以及喂养这些动物时需要注意的方法，包括对食物、水分、空间、气候、环境的要求等，其中，蕴含着他们对人、动物、植物、自然之间的关系和知识的理解。

幼儿不仅在饲养劳动中获得了关于自然的知识，而且在阅读动物主题的科普绘本，聆听动物故事，开展主题音乐律动、唱歌活动、绘画活动、手工活动的过程中获得了人文艺术方面的知识和技能；通过主题饲养劳动中的观察、记录、测量、比较、统计、分类、推理、猜测、实验等获得主动学习的能力和科学探究的方法与技能；通过主题分享与交流、社会参观与实践活动，提升语言表达能力和社会交往能力；通过实际操作和运用劳动工具，获得劳动知识和技能。有的班级，还支持幼儿利用孵化箱孵化小鸡、小乌龟，幼儿学会了识别受精蛋，掌握了控制孵化箱温度、湿度，以及拣蛋、翻蛋的技巧。随着小生命的降临，他们又学习了保护小生命的知识，在电工叔叔的帮助下，为小生命安装白炽灯，打造温暖的棚舍，对小生命开启了更为精心的照顾。

---

① HUMMEL E., RANDLER C.Living Animals in the Classroom: A Meta-Analysis on Learning Outcome and a Treatment-Control Study Focusing on Knowledge and Motivation [J].Journal of Science Education & Technology, 2012, 21 (1): 95-105.

② INAGAKI K.The Effects of Raising Animals on Children's Biological Knowledge [J].British Journal of Developmental Psychology, 2011, 8 (2): 119-129.

③ FUJISAKI A.Children's Experience of Taking Care of Rabbits and Understanding of "Animal mind" [J].Japanese journal of developmental Psychology, 2004, 115: 40-51.

综上所述，研究团队结合《发展指南》五大领域的目标，提出了"幼儿饲养劳动知识与技能发展的阶段性目标"及相关教育建议。实践证明，幼儿饲养劳动可以促进幼儿在健康、语言、社会、科学、艺术五大领域的发展。但值得注意的是，幼儿在不同年龄段、面对不同的饲养对象时，需要掌握的饲养知识和技能并不一样。在实施饲养劳动教育的过程中，教师或成人应尊重幼儿的年龄特点和认知经验，顺应其发展规律，重视其发展过程，重视幼儿自身的操作体验，支持幼儿反复体验和尝试，以促进幼儿自主建构经验、知识体系，习得适宜的能力和技巧，而非教条地、生硬地开展教育。

幼儿饲养劳动知识与技能发展的阶段性目标

年龄段	健康	语言	社会	科学	艺术
小班	1.在饲养动物过程中有初步的自我保护意识。2.了解基本的动物喂养与清洁动物棚舍的方法。3.能在成人的帮助下进行简单的饲养劳动和环境整理劳动。	1.能够说出常见动物的名称，或能用简单的语言说出动物的特征。2.能用简单的语言表达对动物的情感和态度。3.喜欢诵读和动物有关的简单儿歌。	1.能根据自己的兴趣选择饲养对象。2.愿意承担一些饲养任务。3.喜欢跟同伴、家长分享自己在饲养活动中的感受和发现。	1.认识常见的动物，注意到生活中常见的动物是多种多样的，对感兴趣的动物能仔细观察，并发现其明显特征。2.知道自己可以为小动物做哪些事。3.初步了解和体会动物及人们生活的关系。	1.感知并欣赏动物的美。2.喜欢观看与动物相关的绘画、手工或其他艺术形式的作品，并能用简单的线条和色彩画出自己想画的动物。3.能够用声音、动作、姿态模拟动物的样子。
中班	1.知道哪些常见的动物是友好的，有一定的自我保护意识。2.懂得动物要定时喂养。3.初步掌握正确的清洁动物棚舍的方法，能和同伴共同使用清洁工具完成棚舍打扫和环境整理工作。	1.在饲养劳动分享中能够比较连贯、基本完整地讲述自己的感受。2.愿意与同伴谈论饲养过程中感兴趣的事情，表述基本完整。3.喜欢阅读和动物有关的绘本，能根据连续画面提供的信息大致说出故事情节。	1.乐意跟同伴共同完成照顾小动物的任务。2.能够说出家乡特有的几种动物。3.懂得尊重和保护动物，爱惜饲养材料和劳动成果。	1.能感知和发现动物的生长变化及其基本条件。2.能对同一种类动物或不同种类相似的动物进行观察比较，发现其明显的异同。3.掌握一定的饲养方法，学习称重的基本方法，并根据小动物的需求准备饲料。	1.关注动物的色彩、形态等特征。2.欣赏与动物相关的音乐或美术作品，丰富对艺术的感受和体验。3.喜欢用绘画、手工制作、律动、舞蹈、表演等形式表现自己观察到的或想象的动物。

续表

年龄段	健康	语言	社会	科学	艺术
大班	1. 知道哪些动物有攻击性，能理解"友好型"攻击性行为，有较好的自我保护意识。 2. 关注动物的真实习性和需求，尊重动物的生活习性，有初步的生态环境保护意识。 3. 较熟练地使用清洁工具，与同伴合作完成动物棚舍清洁任务；意识到卫生条件及生活环境对动物健康生活的影响。	1. 能使用常见的形容词、同义词等，有序、连贯、清楚地讲述自己的饲养过程，讲述时语言比较生动。 2. 喜欢与他人一起谈论有关动物的图书和故事，对图书中的文字符号感兴趣，知道文字表示一定的意义。 3. 能运用简单的符号或简单的文字记录或表达饲养劳动中发生的故事。	1. 愿意和小伙伴一起饲养动物，尊重小伙伴的想法，遇到困难能一起克服。 2. 能主动发起饲养活动或在活动中出主意、想办法，也能在饲养劳动中虚心向别人请教饲养方法。 3. 爱惜劳动物品，有初步的环境保护意识。尊重为大家提供服务的人，珍惜他们的劳动成果。	1. 能够按照计划和任务科学喂养小动物，使用多种工具测量饲料的量。 2. 掌握不同的照顾动物的方法，能够遵守规则、执行计划。 3. 能觉察到动物的外形特征、习性与生存环境的适应关系；理解人们的生活与动植物的依赖关系；萌发保护环境的意识，了解基本的环境保护方法。	1. 喜欢观察常见的动物或欣赏有关动物的艺术品。 2. 能用音乐、律动、美术、戏剧等多种艺术方式大胆表现动物或表达自己对动物生活场景的想象。 3. 能自编自演跟动物有关的故事，并为表演选择和搭配简单的服饰、道具或布景；能用自己制作的动物作品布置环境。

教育建议：

➢ 支持幼儿在自然和生活中积累对小动物的直接经验和感性认识，如：建议家长周末带孩子去动物园参观，或者观察、了解自然中的各种禽鸟；教师和幼儿一起观察、照顾幼儿园饲养区的动物，引导幼儿获得认知经验和简单的技能、方法。

➢ 引导大班幼儿关注和思考动物的外形特征、习性与生活环境对动物生存的意义，引发幼儿在劳动中思考，引导幼儿尝试进行简单的推理和分析，发现动物及环境之间的关联。

➢ 引导幼儿观察所饲养的动物的外形特征，并用语言、动作等方式表现动物的美的方面，引发幼儿讨论对美的感受与体验。

➢ 支持幼儿用他们自己的方式对喜欢的动物进行多种形式的表现与表达，并和幼儿一起欣赏。

➢ 创造机会和条件，支持幼儿自发对喜欢的动物进行艺术表现和创造；提供丰富的工具、材料与道具，支持幼儿自主开展不同的艺术活动，来表达对动物的感受和喜爱。

➢ 为幼儿提供合作喂养、照料动物的机会，鼓励他们自主分组、自选伙伴，按照计划完成饲养劳动的各项任务。

综上所述，饲养劳动教育是幼儿教育的重要组成部分，是幼儿综合的学习与发展方式。幼儿在饲养劳动的过程中接触自然，感受自然万物，发展对自我、自然、社会的情感，获得健康卫生、社会交往、言语表达、自然科学、艺术审美等多方面的知识，进而养成良好的卫生习惯、勤劳的生活习惯，形成有爱心、有责任心、爱科学、爱劳动的优秀品格。

（三）幼儿饲养劳动教育

1. "幼儿饲养劳动教育"的定义

《幼儿园工作规程》明确将"爱劳动"列为"幼儿园保育和教育的主要目标"之一，强调了劳动的教育性，即幼儿劳动是有目的、有组织、有计划的教育活动。

幼儿饲养劳动教育，是以饲养活动为载体，有目的、有计划、有组织的教育活动。其根本目标是使幼儿理解劳动对生活的意义，从而形成正确的劳动观，产生对劳动、对劳动人民的热爱之情，并逐渐养成爱劳动的好习惯。

2. 幼儿饲养劳动教育的特点

幼儿饲养劳动教育是幼儿劳动教育中的一个分支，既与其他幼儿劳动教育形式共同呈现出实践性、时代性、综合化等普适性特点，还与更大范畴的幼儿教育活动一样，具有游戏性、生活性、衔接性、思维参与性等特征，但由于活动对象是动物，因此，幼儿饲养劳动教育也呈现出与其他类型的幼儿劳动教育不同的特点。

（1）生命性

1968年，美国学者撰写的《生命教育》一书中，提出"以生命为基点，借助生命资源，唤醒、培养人们的生命意识与生命智慧，在尊重生命、保护生命不受伤害的同时，活出生命的意义和价值"这样的教育理念[①]。

饲养劳动的对象都是鲜活的生命体，其生长、发育、繁衍、患病、衰老乃至死亡等生命现象，都是生命性教育的宝贵资源。幼儿通过喂养、照料、观察小动物，感知并理解生命的存在，萌发对生命的珍惜和敬畏之情，形成对生命、对自然、对自己、对他人乃至对社会的初步认识，习得保护生命的知识与技能，懂得要尊重生命、亲近自然，要学会与自己、他人、自然和谐相处。因此，生命性是幼儿饲养劳动教育中最为突出的特点。

基于饲养劳动教育的生命性特征，幼儿园可以拓展实施健康、安全、卫生、环保、感恩、礼仪、挫折、生命等方面的教育活动。比如，我园幼儿饲养了小鸡，由于经验不足，其中两只小鸡死亡，孩子们非常难过。围绕小鸡死亡事件，教师和孩子们一起开展了系列活动——首先，开展绘本阅读活动，让孩子们知道小鸡已经死

---

① 马胜运，孙程飞.融合劳动教育，培育生命观念——关于中小学生命科学教育的实践与思考[J].中国教师，2020（02）：4.

去，不会再回来了，但我们对小鸡的感情还可以放在心里，化作思念。其次，通过调查，了解葬礼的一般形式，和孩子们讨论如何安葬小鸡，准备纸盒、毛巾、铲子、锄头等工具和材料，在花园里找一个安静的地方，为小鸡举行告别仪式。随后，孩子们在小鸡的"坟前"送上自己做的小花，表达自己对小鸡的哀思。最后，通过上网查阅资料、观看科普视频，孩子们深入了解了小鸡健康生活所需的条件，在电工师傅的帮助下，为"小鸡的家"安装了白炽灯，以增加温度；孩子们还找来了干净的稻草铺在"小鸡的家"里，确保小鸡能生活在干燥温暖的环境里。通过这些活动，孩子们还知道小鸡和人类一样，要喝清洁的水，要定期注射疫苗以增强抵抗力。经历了小鸡死亡事件，孩子们对生命、健康、科学饲养等有了更全面的认识，他们一方面更加细心地照顾小鸡，一方面也更加注重自己的饮食卫生，注意及时给自己增减衣服。几个月后，孩子们依旧会去看望埋葬在花园里的小鸡，他们也会问老师："小鸡也像《一片叶子掉下来》那本书里写的那样，变成泥土了吗？"

与其他类型的幼儿劳动教育活动不同的是，饲养劳动教育具有生命性特征，伴随着动物的生长周期，还呈现出持续性、季节性和动态性。例如，兔子的生命周期通常为6到12年，若要将兔子的生命特点充分展现给幼儿，建议以2到3岁的成年兔为喂养对象；兔子的生育期通常为44到48天，因此，幼儿园可以雌雄成对喂养兔子，增加照顾产后的兔子以及幼兔的劳动内容。再如，蚕的一生分为卵、幼虫、蛹和成虫四个阶段，从蚕卵孵化、幼虫、结蛹，最后蚕蛹羽化为蚕蛾，约需50至65天，在幼儿的养蚕劳动过程中，劳动内容也会出现阶段性变化，从清洁孵化盒、准备孵化床、定时检查湿度温度，到为刚孵化出的蚕宝宝洗桑叶、晾干桑叶、切碎桑叶喂食、观察记录，再到定时喂养幼蚕、清理蚕沙、给大蚕通风、消毒、制作蚕蔟，再到最后尝试剥茧抽丝，每个阶段，幼儿都会接触到新的劳动内容，呈现动态化的特点。

（2）科学性

幼儿饲养劳动的对象是鲜活的生命，科学饲养是降低动物死亡率、提高饲养劳动教育成效的重要保障。饲养劳动教育的科学性，主要体现在空间布局、材料投放、劳动工具、饲养方法等方面，教师只要认真挖掘，就能发现蕴含在饲养劳动中的丰富的科学教育契机，就可以通过饲养劳动开展"生活中的数学""生活中的科学"教育，有效落实《3—6岁儿童学习与发展指南》中"科学"领域的各项目标，支持幼儿在饲养劳动中发现自然事物之间的联系或差异，运用生活经验和科学方法解决饲养劳动中的实际问题，获得丰富的感性经验，发展形象思维和逻辑思维能力，也为其他领域的学习奠定基础。

① 饲养劳动中的数学

饲养劳动需要合理规划动物的居住空间，其中就包括"数量与空间""形状与位置"等科学问题。"小动物住在哪里"是孩子们开展饲养劳动首先想到的问题。他们在为小动物"安家"的过程中,自然会考虑到小动物身体的大小、所需活动空间的大小,以及自己和小伙伴参与劳动所需要的空间大小,从而统筹考虑动物棚舍的形状、大小、数量、位置。

例如,小班的幼儿计划饲养小乌龟,每个小朋友都带来了小乌龟,老师问孩子们:"这么多小乌龟,它们住在哪里?"有的孩子说:"(把小乌龟)放在玩具柜上,这样我随时都可以看到小乌龟。"有的孩子说:"我要(把小乌龟)放在走廊上,这样小乌龟可以晒到太阳。"还有的孩子说:"我想(把小乌龟)养在小溪里,(让它们)和小鱼儿住在一起,这样小乌龟可以游泳,还有小伙伴。"老师鼓励孩子们讨论:"这三个位置,哪一个更合适?为什么?"孩子们对"养在玩具柜上"和"养在小溪里"提出了疑义,理由是:"养在玩具柜上,小朋友走来走去,很容易撞到玩具柜,打碎玻璃缸,小乌龟也会受伤。""小溪太长,小乌龟太小,放下去会找不到小乌龟了,也就没办法喂养小乌龟了。"于是,大家通过商量,决定在走廊饲养小乌龟。那走廊里能放下所有的小乌龟吗?老师和孩子们决定试一试。他们把30个乌龟养殖箱一个个排在走廊靠近活动室的墙边,孩子们喊道:"太长了!都放不下了!"怎么办呢?孩子们想出了新办法:一个养殖箱里可以放两只或者三只小乌龟。在和老师一起摆放养殖箱的过程中,孩子们感知了长度与数量的关系。

又如,喂养仓鼠的班级,幼儿计划和仓鼠一起做"闯迷宫"游戏。孩子们分四组设计迷宫,画出了迷宫的形状以及路径。接下来的行动中,他们用毛根测量了仓鼠身体的宽度和高度,再用积木按照自己的设计图搭建了"仓鼠迷宫"。他们贴心地把"起点"和"终点"的洞口设计成圆形,并且确保"起点"和"终点"处都可以同时容纳三只小仓鼠,还细心地调整跑道的宽度,使其大于仓鼠身体的宽度。在和小仓鼠一起"闯迷宫"的游戏中,孩子们理解了空间大小、形状、方向等数学问题。

再如,中班孩子饲养了一只垂耳兔和一只小白兔,他们用毛根测量小兔子的身高和体长后,用围栏和假草皮给小兔子打造了一个美丽的家园,确保这里可以放下笼子,还能留出给兔子"散步"的空间。饲养过程中,小白兔经常从围栏里跳出来,到走廊和活动室来玩,孩子们就一次次测量小白兔跳跃的高度,不断调整制作围栏的材料,确保其高度可以拦住"爱逃家的小兔"。在饲养小兔的过程中,孩子们不仅理解了兔子的数量与空间大小的关系,还发现了围栏高度和兔子跳跃高度之间的关系。

② 饲养劳动中的科学

不同的动物,其外观、生活习性、生长和繁衍方式都不尽相同。多姿多彩的动物会引发幼儿对动物世界的思考,也会把他们的目光从观察发现动物的饮食、运动、生育现象等引向更为广阔的自然世界、物质世界。在幼儿园饲养劳动教育中，教师倾听幼儿的想法，为幼儿创设丰富的学习机会，引导幼儿观察世界，理解世界的丰富多元，支持和鼓励幼儿大胆探索，并结合幼儿的生活经验、认知水平，引导幼儿思考人与自然、自然与物质的关系，并引导幼儿尝试向成人询问，上网查询，到科学馆、博物馆、农场参观，用数字、图画、图表或其他符号记录，和小伙伴一起用行动来验证等，这些都是饲养劳动教育独特的科学价值。

首先，不同动物的外形特征不同，在饲养劳动教育中，教师可以引导幼儿观察动物的各个部分，支持幼儿根据自己的理解对动物进行分类；也可以有意识地支持幼儿喂养外观比较接近的动物，以便幼儿在真实的喂养过程中进行对比认知。比如，小班幼儿饲养了鹌鹑、鸡和鸭，在持续的观察中，孩子们发现，这三种小动物刚来的时候都是毛茸茸的，但是随着时间的推移，小鸭子长得飞快，不多久身上黄黄的绒毛就已经褪去，变成了褐色的羽毛；而小鸡的体型也在变大，尤其是头顶的鸡冠，变化非常明显，一部分长得比较快，一部分还是比较小，一眼就能看出来哪些是公鸡哪些是母鸡了；最令人惊奇的是鹌鹑，它们体型小巧，生长速度好像非常缓慢，但是它们居然头一个下蛋。

其次，不同的动物，对温度、阳光、栖息环境、活动空间的需求也不同，教师应引导幼儿在饲养之初就对动物的生活习性充分展开调查和讨论，帮助幼儿合理安排动物的居所，为动物的起居创设适宜的环境，在引导幼儿形成"环境意识"的同时，还要引导幼儿通过直接感知、亲身体验和实际操作进行科学学习，激发幼儿的探究意识，形成初步的科学探究思维和科学探究能力。例如，孩子们通过调查，了解到刺猬和仓鼠都喜欢在夜间行动，小乌龟到冬天会冬眠，鹦鹉需要一定时间的自然光照才有利于羽毛生长和情绪稳定，荷兰猪和家兔喜欢钻洞，等等。那应该如何给这些动物提供适宜的生活空间？通过讨论，饲养小仓鼠和鹦鹉的班级，孩子们选择在走廊背光的一面安放仓鼠笼，还找来表演区的丝巾帮助仓鼠遮挡光线；选择将鹦鹉笼放在走廊上靠近阳光的一面，并且制订了"每天早上把小鹦鹉挪到阳光下照一小会太阳，中午移到阴凉的地方"的计划。

再次，不同的动物对食物的要求也不同，应该尊重动物的生活习性，用科学的材料和方法进行喂养。例如，中班组的孩子们养了热带鱼、蝌蚪、泥鳅、山羊、小兔、小香猪、小鸡和小鸭，他们发现：热带鱼、蝌蚪、泥鳅虽然都生活在水里，但是它们爱吃的食物不一样，热带鱼吃饲料，小蝌蚪吃藻类，泥鳅吃米糠和豆渣；养鱼、养蝌蚪、养泥鳅的水，每周都要换，养热带鱼的水和养蝌蚪的水需要太阳晒，养泥鳅的水隔一段时间就需要滴一些消毒剂。山羊、兔子、小猪、小鸡和小鸭生活在陆地上，山羊和兔子吃的都是草，只不过山羊爱吃新鲜的草，小兔子爱吃烘干的草，小香猪、小鸡和小鸭吃的是幼儿园的厨余垃圾和厨师叔叔摘下来的菜叶子；山羊、小兔子、小鸡不能游泳，淋雨了容易生病，小香猪可以给它洗澡，小鸭子喜欢水，擅长游泳，小鸡不会游泳，小鸡的食槽和水盆不能太大太深，否则下雨积水后小鸡容易掉进去淹死。

最后，饲养劳动过程中可适当投放电子化设施和工具，以引发幼儿对科学技术产品和生活的关系的思考，培养幼儿的科学素养。比如，在鱼缸里放加热棒，在乌龟池里提供加热垫，运用电子显微镜观测养蝌蚪的水里的微生物，孵化鹌鹑蛋、鸽子蛋可以借助孵蛋器，使用料理机和烘干机给小兔子烘干胡萝卜、青草，借助远程监控摄像设备观察鸽子孵蛋的情形，等等。现代化的劳动工具和技术手段可以进一步帮助幼儿观察和探索动物的生活习性，理解现代科技和动物世界的关系，激发幼儿的科学探索兴趣。

饲养劳动教育中的科学问题可谓无穷无尽，孩子们开展饲养劳动，无疑是打开了一扇生活中的自然科普大门。《发展指南》强调"幼儿的思维特点是以具体形象思维为主，应注重引导幼儿通过直接感知、亲身体验和实际操作进行科学学习，不应为追求知识和技能的掌握，对幼儿进行灌输和强化训练"[1]。

（3）生态性

饲养劳动教育中，幼儿从动物所吃的食物中感知到动植物之间、动物和动物之间存在着食物链关系，也从人的行为、天气变化、病毒感染等环境因素对动物的影响中感受到生态环境对动物的意义，因此，饲养劳动教育还有一个非常显性的特征，就是生态性。

例如，幼儿用麦粒喂养了几只鸡，他们发现小鸡的"散步长廊"下的空地里长出了青青的麦苗。原来，小鸡吃的食物没有完全被消化，麦粒掉到地上，再加上小鸡粪便的"滋养"，就长出了新的植株。这样的情形，也在孩子们幼小的心灵里播下了"生态循环"的种子。又如，幼儿喂养了鸽子"美美"和"大黄蜂"，他们在走廊的尽头为鸽子打造了一个大大的家，可是没过多久，孩子们发现鸽子总是"打架"。原来，两只鸽子一雄一雌，它们"相爱"了。孩子们热热闹闹地给鸽子举办了"婚礼"，却久久等不来鸽子"爱的结晶"。大家询问了班上的"养鸽专业户"英杰妈妈，这才知道，鸽子养在走廊上，嘈杂的环境会让它们很紧张，没办法生出"鸽子宝宝"。于是，孩子们去厨房找来好几个塑料水果箱，在木工师傅的帮助下，将其改造成鸽子的户外生活区。不到一个月的时间，孩子们就惊喜地在新的鸽子窝里发现了一枚鸽子蛋。他们理解了，要给鸽子活动的自由和生态化的生活空间，这样鸽子才能健康、幸福地生活。再如，台风来临前，孩子们联想到台风对自己生活的影响，会提前考虑到要把走廊上的小鹦鹉、小仓鼠、芦丁鸡、小乌龟的家

---

[1] 中华人民共和国教育部.3—6岁儿童学习与发展指南[M].北京：首都师范大学出版社，2012：32.

全都搬到活动室里,要把生活在户外的小动物赶回笼子里圈起来,还要加固围栏和棚舍,提前给小动物准备好食物和水。他们还进一步思考"为什么会有台风",了解台风的自然形成机制及人类活动的间接影响,找出了很多人类破坏环境的行为,提出要保护环境、不乱扔垃圾、不随便砍伐树木等建议。

我们深刻地感受到,饲养劳动教育是面向幼儿的最好的健康教育、生命教育、科学教育和生态教育的载体。在日复一日的饲养劳动中,孩子们不断和小动物建立起感情,也不断丰富对动物的认知,理解动物的生活习性,也产生了对自己的生活习惯的思考,理解人喝的水需要煮开,水烧开了就把水里的微生物和细菌消灭了,所以喝白开水最健康;人吃的食物有很多种,蔬菜、肉类、牛奶、鸡蛋都是有利于健康的食物;食物煮熟有利于消化,生吃的水果、蔬菜要清洗干净……"儿童是有能力的学习者",当幼儿了解动物的特点,他们就会想出各种办法,为小动物打造适宜的生活环境,为动物提供"劳动服务";当孩子们看到自己喂养的小动物健康茁壮地生长,当一个个小生命在他们的呵护下再诞下新的小生命,他们无比自豪和幸福。有目的、有计划、有组织的饲养劳动教育,唤醒幼儿喜爱动物的天性,支持幼儿用多种途径和方法认知和了解动物,学习基本的动物饲养方法,使幼儿获得对动物、自然以及人与自然关系的认识和理解,激发幼儿尊重自然、热爱劳动、珍爱生命、保护环境等的情感和意识,形成正确的劳动观,养成良好的劳动习惯和学习品质,拥有初步的科学素养,获得身心健康全面发展。

3. 幼儿饲养劳动教育的原则

(1) 安全性原则

饲养劳动教育的安全性主要包括饲养环境的安全性、饲养对象选择的安全性、饲养劳动防护的安全性和饲养工具使用的安全性四个方面。

① 饲养环境的安全性

饲养环境的安全性,是指要为幼儿提供无安全隐患的饲养空间。饲养环境中不能有尖锐边角或破损之处,防止幼儿在劳动过程中受伤。例如,饲养小鸡的笼子,其铁丝间隔要合适,既不能让小鸡轻易钻出,也不能卡住幼儿的手指;放置饲养容器的位置,应远离危险区域;需要安装电源的地方,要保证插座在1.8米以上的高度,符合幼儿园建设与管理方面的各项规定;使用消毒剂,要由成人指导或陪伴,消毒剂既要放在幼儿不能自己拿到的位置,又要避免放置不稳掉下来砸伤幼儿。

② 饲养对象选择的安全性

饲养对象选择的安全性指的是挑选适合幼儿饲养且无攻击性和毒性的动物品种,如金鱼、乌龟、蚕等,这些动物性情温和,不易对幼儿造成直接的身体伤害。而一些具有野性或可能携带病菌的动物则不适合幼儿饲养,要严格防止动物咬伤、抓伤幼儿或传播疾病。

③ 饲养劳动卫生防护的安全性

饲养劳动卫生防护，包括教导幼儿劳动时佩戴必要的防护镜、手套、围裙等劳动保护用品；防止清洁剂等化学用品喷溅到幼儿的眼睛、口鼻中；谨防幼儿被硬物、利器割伤。在饲养区域，应配备专用的清洁用品和垃圾桶，应定期清理动物粪便和剩余食物，保持饲养环境的清洁卫生，减少细菌滋生和传播的可能性。应教导幼儿不随意触摸动物的排泄物或用脏手触摸眼睛、嘴巴等部位，如有需要，教师或家长应协助幼儿做好防护措施，如佩戴手套，进行动物排泄物清理工作。应不断强化幼儿的自我保护意识，教导幼儿在接触动物前后都要洗手，养成良好的卫生习惯。

④ 饲养劳动工具使用的安全性

饲养劳动工具的使用安全，包括使用前工具的选择、工具使用方法的培训与指导，使用中的指导与关照，使用后的收纳与整理等。首先，应根据幼儿的年龄阶段和身体发育状况为其挑选合适的劳动工具。小班幼儿，应选择轻便易操作的工具；中班幼儿，可尝试使用稍复杂但仍易于掌控的工具；大班幼儿，则可以在成人密切的监护下使用功能相对多样的工具。其次，在幼儿首次使用劳动工具前，教师要详细介绍工具的功能和正确的使用方法。教师可以通过生动形象的案例或小故事，让幼儿深刻理解不遵守安全规章制度可能带来的严重后果，增强他们的安全意识。再次，当幼儿使用劳动工具时，教师必须站在合适的位置进行观察和指导。教师应全面观察幼儿操作工具的过程，确保在幼儿出现危险动作或即将发生意外时能够及时进行制止和纠正。最后，劳动结束后，应引导幼儿一起对使用过的工具进行清洁和整理。清洁工具如拖把、扫帚，要清洗干净，悬挂或放置在通风干燥的地方，防止细菌滋生和工具损坏；金属工具，如铲子等，引导幼儿对其进行检查，并擦拭、涂抹防护油等。还要引导幼儿将劳动工具存放在专门的工具柜或工具箱里，并按照工具的种类、大小和使用频率等进行分类存放，养成良好的收纳习惯。

（2）适宜性

幼儿的饲养劳动教育，应重点关注幼儿的劳动过程和劳动品质的养成。饲养劳动教育的适宜性原则，主要是指劳动教育的内容、强度、复杂度要与幼儿的认知发展水平相适宜，与幼儿的个性心理相适宜。

① 饲养劳动的内容应与幼儿的兴趣爱好和发展水平相适宜

小班幼儿认知能力有限，可选择生长速度快、生命力顽强、饲养过程简单、易于观察的动物，如鸭子、热带鱼、金鱼、芦丁鸡等，主要让幼儿观察动物的外形特征、动作姿态，了解简单的喂食过程，培养他们初步的观察能力和对动物的兴趣。中班幼儿，手部精细动作和认知能力有所发展，可以饲养蚕宝宝，了解蚕的生长变化过程以及生命的循环，幼儿可以参与采桑叶、清理蚕盒等相对复杂的劳动任务。

大班幼儿拥有更强的责任心和探索欲，饲养小兔子、鸽子、鹦鹉等动物较为合适，他们能够承担更多的饲养责任，如定期打扫棚舍、换水添食，并能通过观察和记录深入了解动物的生活习性和生长规律。

②饲养劳动的具体方法和过程要与幼儿饲养的对象相适宜

不同的动物有不同的自然属性，幼儿园应尽量创造与之相适宜的、回归自然的空间和环境，支持幼儿开展饲养劳动，提高饲养劳动成效。例如，幼儿园饲养鸡，鸡需要啄食沙子来辅助消化，需要躲避风雨，也需要定期接种疫苗以预防病毒。为了确保鸡的健康，幼儿园可以支持幼儿在采光较好的植物园里找一个角落来圈养鸡，在地面撒上一层沙子，既方便鸡啄食，也方便吸收鸡粪的异味。同时，还要在里面投放食盆和自动供水器，在其中的一个区域搭建棚舍，使鸡有遮风避雨的场所。做围栏的时候，也应该考虑幼儿出入方便，安装一个适合幼儿自己开关的栅栏门。为了支持幼儿开展清洁劳动，还应在附近区域设置水龙头、洗手台、洗脚池，投放雨靴、手套、袖套、扫把、撮箕等劳动工具，并投放适合收纳刀具、搅拌器的材料柜以及与幼儿活动人数相适宜的操作台，用于支持幼儿加工饲料、观察记录。当鸡开始生蛋时，还应该投放篮子、小桶或者小筐，支持幼儿收获劳动成果。如果幼儿园饲养的是小鸭子，则需要考虑鸭子喜欢游水的习性，为小鸭子创设一个池塘，而且池塘应相对远离小鸡的活动场所，避免给鸡带来无端伤害。

③饲养劳动教育的形式方法与幼儿个体相适宜

饲养劳动教育既要尊重每个幼儿的个体差异，包括性格、兴趣和能力等方面，也要根据幼儿个体在能力、兴趣、需要、已有经验上的差异，提供具有差异性、层次性的工具、材料、空间和时间，对幼儿进行个别化的引导和帮助。对于较胆小的幼儿，可以先引导其从观察他人饲养小动物开始，逐渐引导其参与一些简单的辅助性饲养工作，如帮忙传递饲料、工具等，使其慢慢克服恐惧心理。而对于那些对动物表现出强烈兴趣且动手能力较强的幼儿，可以给予他们更多的自主权，如请其负责制订简单的饲养计划、带领其他幼儿一起完成部分饲养任务等，充分发挥他们的优势和积极性，使每个幼儿都能在饲养劳动教育中有所收获并获得成长。在尊重幼儿个性爱好、个体差异的基础上，可以支持平行班的幼儿饲养同种不同类的动物，以帮助幼儿更好地认识动物的共性和差异。例如，中班老师调查幼儿对家禽的饲养兴趣，发现孩子们提出的饲养对象较为多样，经过商量，班上同时开展了对小鸡、鹌鹑和鸭子的饲养。这三种禽鸟类动物既有共性，也有差异性，满足了不同幼儿的兴趣，丰富了幼儿的饲养经验。

（3）多元性

饲养劳动的多元性包括饲养对象的多元性、教育目标的多元性以及教育评价的多元性。

① 饲养对象的多元性

饲养对象的多元性是指提供丰富多样的动物种类供幼儿饲养。除了常见的水生动物、昆虫和小型哺乳动物外，幼儿园还可以引入一些植物生态与动物生态相结合的饲养对象，例如，在种植蔬菜的小园子里饲养蚯蚓，在鱼池的上面种蔬菜，等等，引导幼儿通过观察蚯蚓疏松土壤、分解有机物，观察用养鱼的水浇灌蔬菜等，感知动物与植物之间相互依存的关系，理解不同种类的动物具有不同的生活习性、生长周期和外形特征，激发幼儿从多个角度去探索生命的奥秘，拓宽他们的知识面和视野，培养他们的多元思维能力。

② 教育目标的多元性

饲养劳动教育目标的多元性指的是饲养劳动教育不仅仅是引导幼儿学会照顾动物，还应使幼儿获得知识、情感、技能等多方面的发展，从而实现多重教育目标。在知识层面，引导幼儿通过观察动物的生长变化了解生物学的一些基本概念，如生命周期、繁殖方式、动物的食性等。在情感态度方面，引导幼儿关爱动物、尊重生命，培养他们的责任感和耐心，当动物生病或遇到困难时，鼓励幼儿积极想办法解决问题，增强他们面对挫折的能力和团队合作精神。例如，请幼儿共同照顾一只受伤的小动物，引导幼儿分工合作，有的负责寻找食物，有的负责清理伤口，有的负责陪伴安慰，在这个过程中，他们能学习关心他人、相互协作，同时也能体验帮助动物恢复健康的成就感。在技能方面，培养幼儿的动手能力，如给动物喂食、清理饲养环境、进行简单护理等；培养幼儿的观察、记录能力，如记录动物生长过程中的各种数据、记录动物的行为变化等。

③ 饲养劳动教育评价的多元性

饲养劳动教育评价的多元性包括评价主体的多元性、评价内容的多元性和评价过程的多元性。

首先，是评价主体的多元性。

要引导幼儿对自己在饲养劳动过程中的表现进行评价。例如，设计简单的"自我评价表"，包含"我是否每天主动去观察小动物""我有没有按照要求给小动物喂食""我在清理饲养环境时是否认真"等问题，让幼儿通过勾选"笑脸"（表示做到了）或"哭脸"（表示没做到）来进行自我评价。自我评价有助于幼儿自我反思，增强自我认知能力，同时也能培养他们的责任感和独立性。在幼儿自评后，可以组织小组分享活动，让幼儿互相交流自己的评价结果和感受，进一步促进他们的自我成长。

还要组织幼儿进行同伴互评，让他们观察和评价小伙伴在饲养劳动中的表现。例如，在饲养劳动小组中，让幼儿说一说同组伙伴谁在照顾动物时最细心，谁想出了好点子来改善饲养环境等。同伴互评可以促进幼儿之间的交流与合作，培养他们的观察力和公正评价他人的能力。同时，幼儿通过听取同伴的评价，能够从他人的视角认识自己的优点和不足，从而更好地调整自己的行为。还可以定期开展"饲养小明星"评选活动，让幼儿根据同伴互评的结果进行投票，选出在饲养劳动中表现突出的小伙伴。这不仅能激励被评选上的幼儿，也能为其他幼儿树立榜样。

要关注教师在幼儿饲养劳动教育中的评价。教师的评价往往发挥着重要的引导作用。教师要全面、客观地观察幼儿的表现，包括幼儿对饲养知识的掌握情况、劳动技能的运用水平、与动物和同伴互动时的情感态度等。教师的评价应以鼓励为主，及时发现幼儿的闪光点并给予肯定，如："你在给小兔子换草时动作特别轻柔，小兔子肯定很舒服，这就是关爱小动物的表现哦。"同时，对于幼儿存在的不足，教师应以建设性的方式提出改进建议，如："你很喜欢观察小鱼，但是有时候忘记给它们喂食了，我们可以一起制订一份喂食时间表，这样小鱼就不会饿肚子啦。"教师还可以通过撰写观察记录、拍摄幼儿开展饲养劳动的照片或视频等方式，为评价提供更丰富的依据，并定期与家长沟通，分享幼儿在园劳动的情况。

要让家长参与幼儿饲养劳动教育，成为评价的主体之一。家长作为幼儿成长的重要参与者，对幼儿在家中的饲养劳动表现有较深入的了解。家长可以评价幼儿是否将在园学到的饲养知识和技能运用到家庭饲养活动中，如是否主动照顾家里的宠物或小动物，是否能够按照正确的方法进行喂食、清理等。家长也能观察到幼儿在家庭饲养劳动过程中情感态度的变化，例如，幼儿是否对动物更加关爱、是否有耐心等。家长可以通过填写"家园联系手册"、与教师进行线上交流或参加家长会等方式，将自己的评价反馈给教师，以便教师全面了解幼儿在饲养劳动教育中的整体表现，共同促进幼儿发展。例如，家长在"家园联系手册"中写："这个周末，孩子把小兔子从幼儿园带回家，他每天都会主动去看看小兔子有没有吃饱，还会和小兔子说话，帮小兔子测体温。我感受到他的细心和耐心，饲养劳动让孩子更有爱心和责任感了。不过，在给小兔子打扫兔砂时，撒了一些到地板上，希望老师今后能在这方面多给些指导。"

其次，是评价内容的多元性。

幼儿饲养劳动教育评价应当兼顾情感与态度、知识与技能、过程与方法三个维度，评价应该具体、客观。

情感与态度维度，应关注幼儿在饲养劳动过程中对动物的情感变化和态度表现，观察幼儿是否表现出对动物的喜爱、关心和尊重。例如，幼儿在看到小动物不舒服时是否会表现出担忧，并主动寻求帮助；在与动物互动时是否温柔、友善，有没有粗暴对待动物的行为。同时，也要评价幼儿在饲养劳动中是否具有耐心、责任心和合作精神。比如，在长期的饲养过程中，幼儿是否能够坚持每天完成自己的饲养任务,不半途而废;在小组饲养活动中,是否能够与同伴分工合作,共同照顾动物,如有的幼儿负责喂食,有的幼儿负责清理,大家互相配合完成饲养工作。通过这些方面的评价,引导幼儿树立正确的生命观和价值观,培养他们关爱生命、尊重自然的情感态度。

知识与技能维度,通过提问、观察幼儿的表征作品与儿童海报等方式,了解幼儿对所饲养动物的相关知识的理解和掌握程度,如动物的名称、外形特征、生活习性(含食性)、繁殖方式等。例如,教师提问:"小兔子喜欢吃什么食物呀?"幼儿能准确回答出"胡萝卜""青菜"等,就说明幼儿对兔子的食性有一定的了解。可以通过观察发现幼儿劳动技能的熟练度、动作的协调性以及是否遵循正确的操作流程,评价幼儿是否能够熟练地进行喂食、换水、清理饲养容器、简单护理等操作。例如,在给鱼缸换水时,幼儿是否知道要先将鱼捞出放在安全的地方,然后清洗鱼缸、更换新水,最后再将鱼放回鱼缸等。

过程与方法维度,鼓励幼儿在饲养劳动中发挥创新思维,尝试用不同的方法解决遇到的问题,并对其进行评价。例如,当饲养环境出现异味时,幼儿是否能想出一些具有创意的解决方案,如在饲养容器中放置一些具有除臭功效的植物或自制的除臭剂。在动物的玩具或栖息地设置方面,幼儿是否能提出新颖的想法,如给小兔子搭建一个独特的小木屋等。当动物生病或出现异常情况时,观察幼儿是否能够积极思考、主动查阅资料或向他人请教,尝试寻找解决问题的方法。如幼儿发现孔雀鱼妈妈刚生下来的鱼宝宝不见了,通过询问教师、家长或查阅资料,了解到可能是被鱼妈妈误食了,于是尝试给鱼妈妈制作了"产房",并在"产房"的底部切一条缝隙,让鱼宝宝和妈妈能暂时分离,保障鱼宝宝的安全。这样的思考和行动,就体现了幼儿的创新与问题解决能力,应给予充分的肯定和鼓励。

最后,是评价过程的多元性。

评价过程的多元性是指评价要结合饲养劳动教育的具体环节和个体的差异性进行阶段性、全过程评价。饲养劳动开始前,通过调查、访谈环节,重点评价幼儿的饲养兴趣、态度、原有经验;在日常劳动过程中,通过观察,重点评价幼儿参与劳动的积极性、过程中运用的方法技能;在饲养劳动小结或总结环节,重点评价幼儿的发展、收获情况。

为幼儿建立"饲养劳动档案袋"是做好个性化评价的有效措施之一。幼儿、教师、家长、同伴都可以成为幼儿"饲养劳动档案袋"的建设者和完善者。科学、适宜的评价维度、评价指标,可以帮助教师和家长看到幼儿发展的趋势,发现饲养劳动中的不足,并及时给予调整。只有基于幼儿原有经验水平的、多元的、全过程的评价,才能发挥评价的激励作用和调适功能,让幼儿饲养劳动教育得以循序渐进地发展,最终促进幼儿健康、高质量地发展。

五、幼儿饲养劳动教育的现状和困境

（一）国外幼儿饲养劳动教育现状

1. 各国动物饲养教育的举措

① 美国将动物饲养纳入"科学推理"教育的重要内容

2015年，美国修订了《开端计划：儿童早期学习结果框架》，明确将动物作为学前科学教育"科学推理"板块的内容之一，提出3—5岁幼儿要"能观察、描述、表征生物"①。根据美国幼教协会的统计，超过1400个获得美国幼教协会认可的项目中，有879个项目涉及动物饲养。

② 德国将饲养小动物作为"善良教育"的重要内容

德国很多幼儿园和小学都设立了"小小动物园"。马格德堡（Magdeburg）还有一所专门的动物园幼儿园（Zoo Preschool）。教育者希望幼儿每天可以和动物亲密接触②，由此唤起幼儿对自然环境和"生命知识"的兴趣，使幼儿积极参与动物保护，培养善良的品质。

③ 日本把饲养动物作为"环境教育"的重要内容

2018年，日本出台了新版《〈幼稚园教育要领〉解说》（以下简称"《解说》"），强调"环境"对幼儿的影响，指出"要着眼于幼儿结识大自然与多种社会现象的积极态度，以及幼儿在其环境中生活的能力"，目的是"让幼儿熟悉周边环境，在与大自然界的接触中，培养幼儿对多种事物和现象的爱好与关怀，让幼儿积极和外部环境打交道，并在相处中爱惜这种环境的存在"。《解说》中，各领域处处可见关于动物的描述，包括"在接触大自然的活动中，让幼儿理解自然界的宏大、美丽和奥妙"和"引导幼儿亲近周边的动植物，并照顾、爱惜它们"，要注意"通过对周边现象和动植物的结识过程养成人的积极意识"，并对自然界产生亲近、敬畏的情感，产生爱惜生命的情感，培养公共道德意识和探究心，等等。有研究者对400多位日本幼儿园教师进行问卷调查，结果显示，超过75%的教师进行过饲养动物的活动，70%以上的幼儿园一年四季都在饲养动物③。

④ 苏联和俄罗斯明确将饲养纳入"劳动教育"内容

苏联的《幼儿园教育大纲》明确提出，幼儿的劳动有四类：第一类是自我服务，以培养儿童的自我服务精神为目的，幼儿要自己照顾自己，学会盥洗、穿脱衣

---

① 曾晓滢，原晋霞. 美国开端计划儿童早期学习结果框架的产生与演变［J］. 幼儿教育，2020（23）：80-84.
② 张伟琴. 美国学前动物教育规定的内容、特点及启示［D］. 南京：南京师范大学，2021（08）：8.
③ MIN HUE JUNG.The Teachers' Recognitions of Raising Animals/Pets in Early Childhood Educational Settings［J］.Journal of Future Early Childhood Education，2009，16（2）：217-242.

服、收拾床铺、准备工作场地等；第二类是清洁劳动，以培养儿童的责任感和集体精神为目的，幼儿要开展打扫和整理周围环境、保持室内外环境清洁的劳动；第三类是接触自然的劳动，以培养儿童对大自然的热爱为目的，幼儿要开展照管小动物，在自然角、菜园、花坛里栽培植物的劳动；第四类是手工劳动，以艺术创造和审美培养为目的，幼儿用各种材料（纸板、碎布、木片、麦秸等）制作手工物品送给亲戚和朋友①。

俄罗斯第四版《幼儿园教育与教学大纲》指出"幼儿园劳动教育是发展儿童基本能力和创造力的必要部分，是形成个体之间相互关系和品德修养的重要手段，能逐渐发展儿童（考虑到年龄特点）对成人劳动的兴趣，愿意劳动，掌握基本的劳动技能，培养勤劳的品质"②。在《俄罗斯联邦学前教育标准》中，明确提出"幼儿园在花园、小菜园或植物角，为不同年龄段儿童设计安排不同的劳动活动，如小班学生在成年人的帮助下捡拾成熟的水果和种子；播撒大颗粒种子，护理室内植物，浇灌植物，喂养小鸟等小型动物"，支持幼儿在大自然的愉悦体验中培养对劳动的热爱③。

2. 幼儿园饲养动物的争议以及饲养动物的保护措施

也有人从动物福利、卫生安全等角度提出学校不宜饲养动物。例如，英国《动物福利法（2006）》明确规定动物拥有者必须承担对动物的照顾义务，满足动物的五项福利，使动物拥有免于饥渴的自由，免于不舒服的自由，免于疼痛、伤害和疾病的自由，拥有表达自然和本性行为的自由，拥有免于恐惧和不安的自由④。鉴于"饲养会限制动物的自由"，不在学校饲养动物以教会儿童与动物有关的知识成为英国的惯例。

同时，为避免动物源性的传染病与动物伤害，多国政府针对早期教育机构中饲养动物出台了管理规定。以日本为例，文部科学省向幼儿园发放了《学校中理想的动物饲养》，在鼓励幼儿园饲养动物的同时，明确在学校饲养动物时要根据"饲养卫生管理标准"进行日常卫生管理，要"预防"和"早期发现"禽流感、口蹄疫等疾病，提出"将饲养小屋等规定为卫生管理区域，进出该区域时，一定要彻底消毒、清洗饲养小屋"，规定各学校每年都要分别向指定的家畜保健卫生所报告所饲养的牛、羊、猪等哺乳类动物以及鸡、鸭等禽鸟类动物的卫生管理情况。

英、澳、加等国也出台了类似政策，例如，英国颁布了《学校和其他儿童保育

---

① 矫德凤.苏联幼儿园的劳动教育［J］.幼儿教育，1987（10）：18-19.
② ［俄］М.А.瓦西里耶娃.幼儿园教育教学大纲（第4版）［M］.李亚娟，译.北京：北京师范大学出版社，2015.
③ 姜晓燕.俄罗斯：劳动教育促学前儿童道德成长［N］.中国教育报.2020-11-27.
④ 于亮.动物福利法的欧洲经验［J］.宁波经济（财经视点），2020（5）：49-50.

场所的健康保护指南》，澳大利亚出台了《保持健康：在幼儿教育和保育服务中预防传染病》，加拿大制定了《保育场所动物管理建议》等。这些管理规定为教师提供了关于动物饲养的有效信息和管理建议，以最大程度地减少儿童与动物接触时的健康风险。

综上所述，世界各国对由饲养而产生的劳动教育的价值重视程度不一，呈现出多维特点。其中既有将饲养劳动教育与学前科学教育紧密关联的，也有关注饲养劳动对幼儿生态意识的塑造作用的，还有强调饲养劳动对培养幼儿热爱自然、关爱自然的重要意义的。总体而言，国外的饲养劳动教育相关行动为我们提供了一些实践经验与理念借鉴，也反映了在幼儿教育中融入动物饲养活动的复杂性，以及在教育、动物福利和健康安全之间寻求兼顾与平衡的必要性。

（二）我国幼儿饲养劳动教育的现状

江苏省苏州市吴江区金家坝中心幼儿园作为一所农村幼儿园，抓住契机，在园内打造生态环境，寻找本地资源，开展分班饲养劳动、公共饲养劳动和家庭饲养劳动，经过了15年的探索后，该园将幼儿饲养劳动变成幼儿生活和幼儿园教育教学活动的一部分。该园引导幼儿走向自然，在大自然中学习；坚持就地取材，让饲养劳动与本土环境相适应，使用自然资源为课程教学服务；根据季节特征、幼儿的探究需要、课程教学的需要，及时补充饲养和观察工具，适时调整饲养区域、品种、数量、环境等，以支持幼儿的探究与实践[①]。

江苏省句容市后白镇中心幼儿园，利用农村幼儿园所拥有的得天独厚的丰富自然资源，将大自然"搬"进幼儿园，从安全性、教育性、生活性、代表性、可操作性等角度出发，筛选出30多种适合幼儿饲养的动物，并根据幼儿的年龄特点和动物的生长需要，将饲养劳动和幼儿园课程结合起来，形成了一系列饲养劳动教育经验。该园巧用空间，创设生态乐园；整理资源，制订饲养计划；追随幼儿，开展饲养劳动。班内制订饲养制度，引导幼儿做好饲养记录；推动家长关注饲养劳动、家园携手饲养。还提出了"关注生命，保护动物""规范操作，保护自己""在自然环境中陪伴动物一起成长"等主张[②]。

苏州高新区竹园幼儿园丁瑶薇，针对幼儿园饲养劳动的现状，从饲养劳动的准备（制订饲养计划、设置饲养区域）、饲养劳动的开展（制定饲养制度、融入一日活动、探索饲养方法、做好饲养记录、协助幼儿饲养）等方面着手，以"乌龟"饲养劳动为例，分享了小班幼儿饲养劳动教育中关于获取有关动物的科学信息，让幼

---

① 钱迅. 走向自然：农村幼儿园饲养活动的开展[J] 幼儿教育，2012（13）：18-20.
② 张贤青. 回归自然 关注生命——浅谈农村幼儿园饲养活动的开展[J]. 好家长，2020（36）：36-37.

儿接触自然、长期观察、亲自管理、动手操作等的经验①。

刘占兰从幼儿园科学探究的视角,分析国内外幼儿探究小动物的经典案例,提出:幼儿园劳动教育支持幼儿探究,渗透有价值的经验;引导幼儿做有准备的探究,体现对生命的尊重;聚焦适宜的探究问题,选择恰当的引导方式和策略②。周红梅认为,饲养劳动对培养幼儿的科学兴趣、提升其科学素养独具价值,她还提出,优化幼儿饲养劳动的质量,需要正确认识饲养劳动的教育价值,将饲养劳动纳入课程中进行规划,多渠道丰富饲养动物的品种,将饲养劳动与主题活动进行整合实施,优化教师对饲养劳动的指导,拓展饲养劳动实施空间等③。王善琴结合自己的实践经验,从制订动物饲养计划、设置饲养区角两个方面介绍了幼儿饲养劳动的准备,建议制订动物饲养制度,把饲养劳动融入幼儿园一日活动,让幼儿更好地了解动物的生长特性,引导幼儿探索动物饲养方法、积累动物饲养经验、做好饲养记录、提高表征能力,以及请家长协助开展饲养劳动,满足幼儿的探究需求这几个角度分析了饲养劳动的实践④。

可以看出,我国对饲养劳动教育的研究较多关注其与科学教育领域的关系,在实践方面更为倡导与幼儿一日生活的融合,即将幼儿饲养劳动融入幼儿园的日常生活和教育教学活动中,这一现象在农村地区尤为显著。幼儿园通过创设生态化的环境、利用本土资源、制订饲养计划和制度,以及家园合作等多种方式,来构建饲养劳动教育体系,不仅培养了幼儿的科学兴趣和责任感,还提升了他们对生命的尊重和保护自然环境的意识。这些实践成果展示了我国在幼儿教育领域对动物饲养劳动教育的重视和创新。

(三)我园饲养劳动教育实践现状

1. 基本情况

海口市教育幼儿园是一所地处省会城市中心地段的省级示范幼儿园。我园共有两个园区,总占地面积1.09公顷,共设27个班,在园幼儿约850名,专任教师98名。教师队伍中,硕士研究生学历的3人,本科学历的47人;特级教师1人、正高级教师1人、高级教师4人,省级学科带头人1人、省级骨干园长1人、省级骨干教师5人、市级骨干教师8人。教师队伍平均年龄27岁,教师从学前教育专业毕业的占90.6%。我园从2015年开始,先后开展了"5E课程模式中幼儿科学探究活动材料投放研究""以儿童为主体的探究性主题活动实践研究""以儿童为主体

---

① 丁瑶薇.陪你慢慢走——以"乌龟"主题为例谈小班幼儿饲养活动的开展[J].散文百家(理论),2019(12):112.
② 刘占兰.让幼儿探究动物的活动充满爱和发现[J].幼儿教育,2018(25):26-28.
③ 周红梅.优化幼儿饲养活动的若干建议[J].教育导刊,2011(12):40-43.
④ 王善琴.幼儿园饲养活动的有效开展[J].幼儿教育,2012(13):16-17.

的探究性饲养活动的实践研究""饲养活动背景下幼儿劳动能力培养实践研究"等课题研究。

2019年以来，我园在虞永平教授的指导下，全面开展幼儿饲养劳动实践研究。在4年的实践中，我们始终高度关注幼儿的主体作用，深入讨论饲养劳动的内涵，全面挖掘饲养劳动对幼儿发展的价值，以班本化饲养劳动为基本结构，以"讨论与决策—饲养与劳动—总结与评价"三环节为活动推进基本路径，积极为幼儿创设饲养劳动的时间、空间、环境、材料、资源，针对不同年龄班幼儿开展饲养劳动的目标、重点、难点、策略等进行横向研究，针对不同季节、不同种类的饲养对象等饲养劳动实施要点进行纵向研究，先后支持幼儿饲养了30多种动物，开展饲养劳动主题教育活动300多个，形成了"儿童主体、资源本地、关注兴趣、关注过程、环境支持、综合探索、家园共育、多元评价"的核心经验。

2022年至2023年间，我园将幼儿饲养劳动的经验、方法、策略等辐射到全省6个市县，9个不同类型、不同规模的幼儿园，得到各个应用推广实践园的高度认可，在海南地区形成了通过幼儿饲养劳动教育抱团成长的良好氛围。在幼儿饲养劳动教育的探索、实践、反思、总结过程中，我们深刻感受到饲养劳动教育对幼儿德、智、体、美的全面浸润，对幼儿主动学习能力、健康发展意识、人文素养、科学素养、社会公德意识等的大力提升。同时，我们也感受到，饲料劳动教育实践对教师专业化成长，对家长教育理念的转变的帮助。我们认为，幼儿园饲养劳动教育是面向自然、面向未来，有效促进师幼人文素养、科学素养、劳动意识、社会意识和谐发展的有效载体。

2. 问卷调查情况

我园于2021年和2024年分别向教师和家长发放了关于饲养劳动的调查问卷，旨在了解幼儿饲养劳动教育的实施情况，发现相关问题。

① 教师层面的问卷调查结果

参与问卷调查活动的教师的结构情况：2021年，参与问卷调查活动的均为我园教师，其中，13.48%为新入职教师，未组织实施过探究性饲养劳动；2024年，随着我园饲养劳动教育的推广，一部分乡镇幼儿园教师参与到幼儿饲养劳动教育中（占比27.6%），所有教师均组织实施过饲养劳动教育活动。

教师对幼儿饲养劳动教育的必要性和主体的认知与理解：2021年，多数参与调查的教师认为有必要开展饲养劳动教育，且认为"幼儿是饲养劳动教育的主体"；2024年，所有参与调查的教师都认为"饲养劳动教育非常有必要"，其中73.91%的教师认为"幼儿是活动的主要发起者，饲养对象的选择应尊重幼儿的兴趣"。

教师对幼儿饲养劳动教育意义的认知与理解：教师普遍认为饲养劳动教育能培养幼儿多种能力和品质，促进幼儿全面发展。其中，"促进幼儿对自然和生命的尊重，培养责任心和爱心"最受大家认同（教师认同率为95%），其次是"提升幼儿的动手能力，养成爱劳动的好习惯"（教师认同率为91.46%），再次是"丰富幼儿劳动知识，提高劳动技能"（教师认同率为90.24%）。

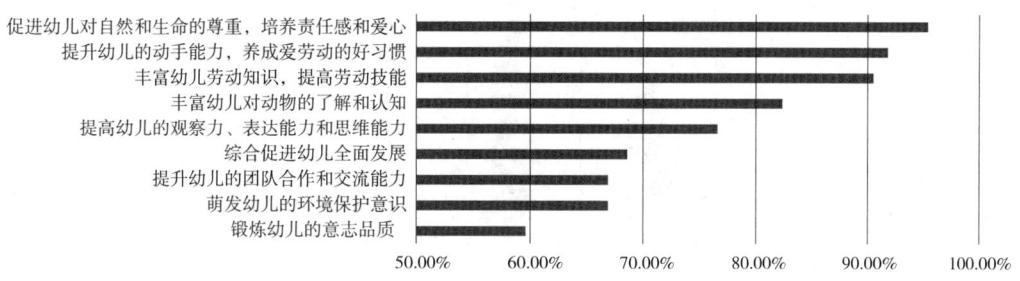

教师对"幼儿饲养劳动教育意义"的理解

影响幼儿饲养劳动教育质量的因素：教师认为"幼儿园的教育理念""幼儿自身的态度"以及"家庭教养方式"是影响幼儿饲养劳动教育质量的主要因素；"教育资源""活动时间""教师自身兴趣和经验"是影响幼儿饲养劳动教育质量的关键因素。由此可见，创设适宜的环境条件，赋予教师和幼儿充分的自主性，通过教研解决教师饲养经验不足或兴趣不浓的问题，均是提升幼儿饲养劳动教育质量的重要策略。

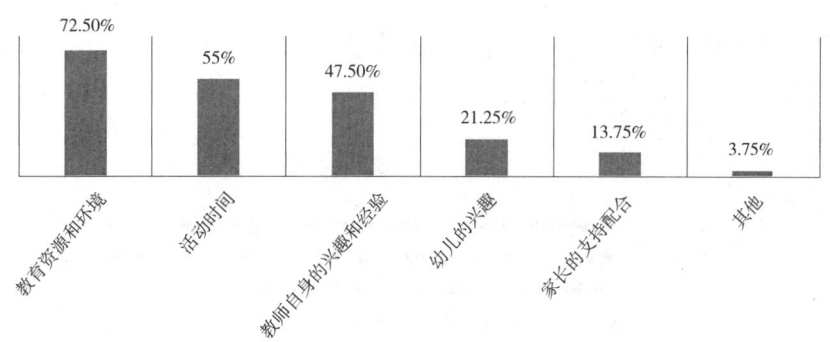

影响幼儿饲养劳动教育质量的因素（2021）

幼儿饲养劳动教育组织实施的具体时间和教师的角色定位：调查结果显示，2021年，饲养劳动教育开始之初，86.47%的幼儿每天与饲养对象互动不超30分钟，大部分饲养活动以集中指导为主，教师的角色定位与实际指导形式有偏差。基于那次调查，我园优化了一日生活管理方式，每天设定2小时"大板块"时间，供幼儿和教师自主安排饲养劳动教育活动。改革后，我们发现，教师的饲养劳动教学方法更具多样性，教师的角色意识与行为更为吻合。

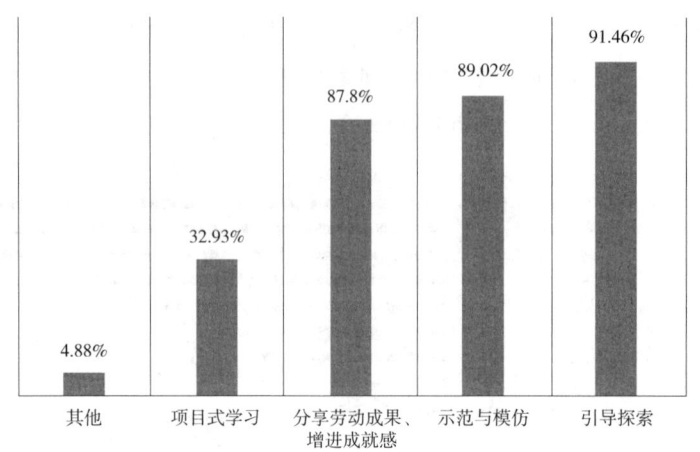

教师在幼儿饲养劳动教育中教学方法的应用（2024）

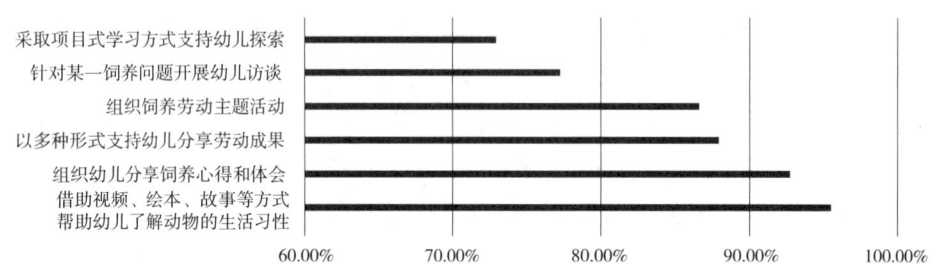

教师指导幼儿掌握饲养劳动技巧的策略（2024）

幼儿饲养劳动教育的内容：问卷调查结果显示，2024年，幼儿参与的饲养劳动内容更加丰富，"制作食物""搭窝""打扫棚舍"等劳动的参与率提升明显。

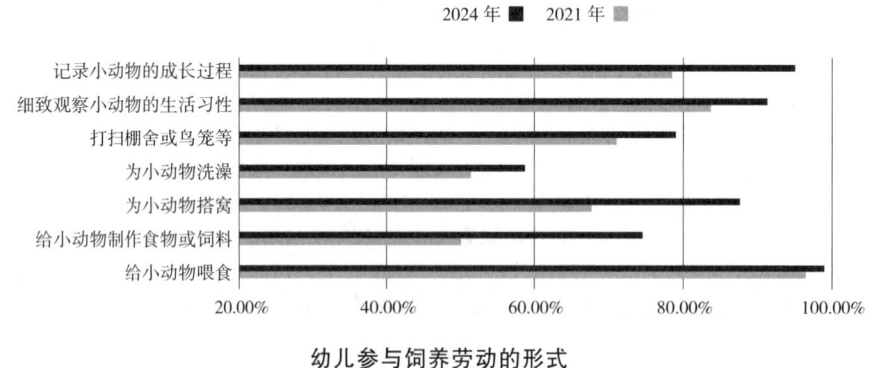

幼儿参与饲养劳动的形式

同时，问卷调查结果显示，幼儿饲养劳动教育所需要的环境、材料，不限于饲养对象和劳动工具，丰富的半成品、低结构材料或自然物、跟动物有关的图书资源、电子设备和资源等，都有利于饲养劳动教育的综合实施。

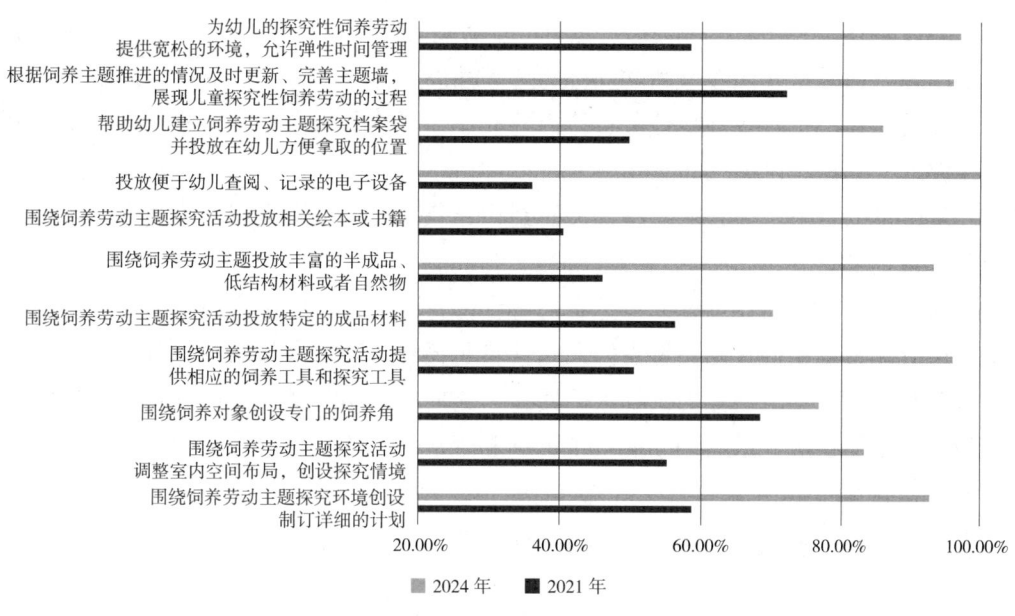

支持幼儿饲养劳动的措施

② 家长层面的问卷调查结果

两轮家长问卷调查活动，回收有效问卷1242份，结果显示：家长对幼儿园开展饲养劳动教育总体上表示认可与支持（认可率为95%）；多数家长认为饲养劳动能培养幼儿的责任心、劳动意识、团队协作等多种能力，其中，"帮助孩子形成责任感和爱心"最受家长认同（家长认同率为95%），其次是"增强孩子的劳动意识和技能"（家长认同率为87.73%），再次是"提升孩子的团队协作能力和社会交往能力"（家长认同率为80.48%）。

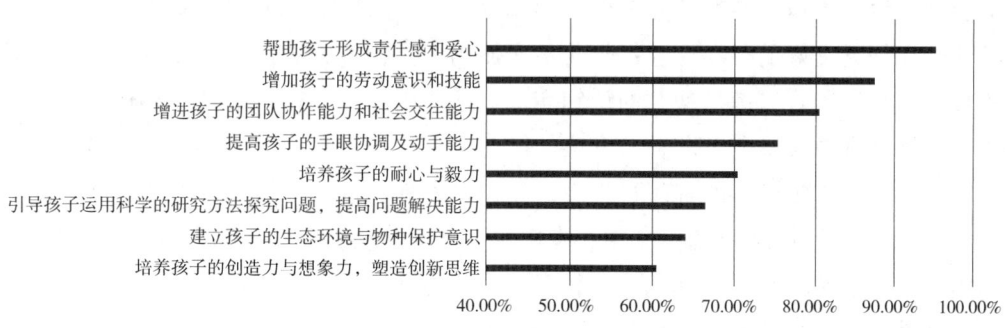

家长对幼儿饲养劳动价值认同情况

此外，37.45%的家长愿意为幼儿饲养劳动提供水生类动物资源，21.38%的家长乐意为幼儿提供哺乳类动物资源。

11.27%的家长表示可以提供儿童手套、电子秤、尺子、放大镜、鱼缸、乌龟箱、鸟笼、兔笼、打扫工具、铲子、毛梳以及动物饮水器、跑轮、木屑、浴沙等。

少数家长（5.53%）对饲养劳动的卫生防疫提出建议，指出要关注动物的卫生防疫问题，同时从安全性、活动安排的合理性以及指导的专业性方面，提出了"定期干燥通风""按时接种疫苗""体内外驱虫""笼子消毒""做好幼儿劳动安全卫生教育"等具体建议。

从中可以看出，部分家长不仅关注到饲养劳动，也关注到饲养劳动中幼儿的学习和教育。

综合两轮家长问卷调查结果，我们看到，我园家长普遍认为饲养劳动在幼儿园活动中有非常重要的作用，愿意协助幼儿参与饲养劳动。家长的饲养劳动教育观念直接影响幼儿饲养劳动能力的形成，因此，定期组织相关讲座，或及时向家长反馈班级饲养活动情况，都有利于家长了解饲养劳动活动的具体内容，能调动家长参与饲养劳动教育的积极性。

（四）幼儿饲养劳动教育的普遍困境

在对幼儿园饲养劳动教育实施情况的调查结果进行梳理之后，我们能发现，教师存在的困惑主要集中在"适宜的饲养环境如何创设""幼儿不会使用饲养劳动工具怎么办"以及"探究性饲养劳动主题活动中幼儿图书的投放策略"三个方面。这三个困惑或困境之间存在紧密联系。适宜的饲养环境创设，对应着"教育资源和设施"这一普遍的教育影响因素，是实施饲养劳动教育的基础条件；幼儿不会使用饲养劳动工具，与教师自身对饲养劳动教育的兴趣和经验不足相关，影响教师指导的成效；探究性饲养劳动主题活动中幼儿图书的投放，体现了对教师对教育资源的关注。教师在这三方面的困惑，本质上都是在教育实践中，在教育资源、教师能力经验等大框架下衍生出来的具体问题。这些困惑如果解决不好，会进一步加剧实施饲养劳动教育的困境，影响幼儿饲养劳动教育的开展。比如，饲养劳动的环境不佳，会让幼儿缺乏良好的劳动体验；幼儿不会使用工具，就无法很好地参与劳动；图书投放不合理，则难以满足幼儿的认知需求。这些困惑的存在，最终都不利于幼儿在饲养劳动教育中获得全面发展。

在对相关文献资料的查阅过程中，我们也发现，输入"幼儿劳动"关键词，仅能检索到学术论文1170篇，其中，专门论述"幼儿饲养劳动"的文献不足10篇。其他文献重点阐述的多为幼儿劳动教育的一般内涵、方法和策略。可见，对幼儿饲养劳动教育还有待进行深度研究及推广应用。

张斌（2020）就幼儿园开展饲养劳动教育的主要困惑和问题进行了再思考，提出幼儿园饲养劳动面临的主要困境。文章开篇就将幼儿园饲养劳动中常见的问题逐一列举出来，包括：幼儿园里一定要开设饲养区吗？住宅小区附近的幼儿园开展饲养劳动有扰民之虞，该怎么办？幼儿园里应该饲养什么样的动物？饲养孔雀、山羊等大型动物与饲养鱼、乌龟之类的小型动物相比，哪个更有教育价值？幼儿园常因照料不周而导致动物死亡,这与"关爱生命"的初衷相悖,那么还要不要继续开展饲养活动?将动物关进笼子,是限制了它们的自由,可是放养既不安全也不现实,该怎么办?幼儿满怀爱心地对待动物,但有时因方式不当反而伤害了动物,是要尊重幼儿还是尊重动物?等等[①]。

杜安琪、吹儿、何巧(2020)围绕幼儿园种养劳动教育,对Y省的8所幼儿园及40位教师进行了调查,他们发现,幼儿园种植和饲养劳动教育存在一些较为普遍的问题——大部分幼儿没有充分的时间去参加劳动教育活动;教师对劳动教育活动的认识不够,觉得幼儿年龄太小,不足以完成活动;幼儿园在劳动工具投放量上不足,种类较为单一。他们也提出了一些问题解决策略:教师应丰富自己的知识与理论体系,应充分认识幼儿主体参与的重要性,应完善劳动教育的目标和内容、提高园所层面的支持力度、丰富幼儿劳动工具的种类等[②]。姚姝婕(2018)观察了幼儿园的饲养劳动,提出幼儿园的饲养活动存在"从过度关爱到无人问津""从偶尔为之到刻意伤害""从怅然若失到习以为常"这三个尤为突出、亟待解决的问题[③]。

综合大量的文献研究结果和实践感悟,我们认为,幼儿园开展饲养劳动教育实践的普遍困境有:

1. 理念上的偏差

对幼儿园饲养劳动教育,幼儿园的管理者、教师,以及幼儿家长,都存在不同程度上的理念偏差。主要体现在,对幼儿园饲养劳动及其教育内涵、价值理解不到位、不全面,认为饲养劳动教育存在极大的安全和卫生风险;饲养劳动对空间、环境、材料的要求高,会大大增加教育经费投入;幼儿年龄小,能力薄弱,不适宜开展饲养劳动;幼儿一日活动时间安排不过来,饲养劳动可有可无等。

2. 实践中的问题

现实中,幼儿饲养劳动教育的困境包括物质环境方面的问题,如园所环境狭小、教育经费不足;包括教师专业化水平尚低的问题,如教师职前培养中没有饲养劳动教育方面的内容、教师个体生活中缺乏饲养劳动经验、教师专业化水平不足以支持幼儿解决饲养劳动中生成的问题等;包括园所管理方面的问题,如幼儿教师队伍流动性大、管理团队课程领导力不足等。

3. 管理中的冲突

一是城市管理要求与幼儿园教育需求之间存在冲突。大部分城市出台了《城市

[①] 张斌.亲近自然,收获成长:对幼儿园饲养活动的再思考[J].幼儿教育.2020(Z4):63-68.
[②] 杜安琪,吹儿,何巧.园区种植、饲养区劳动教育现状调查研究——以Y为例[J].作家天地,2020(10):113-114.
[③] 姚姝婕.幼儿园动物饲养亟待解决的三大问题[J].新课程,2018(Z7):60-62.

市容和环境卫生管理条例》，对饲养动物进行了明确的限制，"按国家行政建制设立的市的市区内，禁止饲养鸡、鸭、鹅、兔、羊、猪等家畜家禽"。虽然条例又明确指出"因教学、科研以及其他特殊需要饲养的除外"，但现实中，"教学、科研需要"没有明确范畴，谁来认定？怎么认定？都是摆在幼儿园面前的实际困难。

二是幼儿园周边的居民也考虑自身居住环境的卫生问题，往往以制度规定为由，抵触和反对幼儿园饲养动物，幼儿园想以科研为理由申请合法饲养动物变得难上加难。

三是园所内部制度与班级饲养劳动教育需求的冲突。饲养劳动需要固定的时间和空间，幼儿园在内部管理制度上如果没有充分考虑饲养劳动的需要，在物资采购方面流程较多，容易对幼儿饲养劳动教育构成限制和障碍。

六、幼儿饲养劳动教育的建议

（一）端正劳动教育思想理念，创造饲养劳动机会

1. 组织专题培训与研讨

幼儿园管理者应定期组织关于幼儿饲养劳动教育的专题培训，邀请专家解读饲养劳动教育的内涵与价值，让教师和家长深入理解其对幼儿身心发展的重要意义。例如，每学期开展一两次专家讲座，之后组织教师和家长分组讨论、分享心得等。

2. 加强家园沟通与宣传

通过家长会、家长群、公众号等渠道，向家长宣传饲养劳动教育的价值和意义，展示幼儿在饲养劳动中的成长与收获。鼓励家长在家中为幼儿创造饲养劳动的机会，如养小金鱼、小兔子等，并与教师保持沟通，分享幼儿在家中的饲养经历。

3. 优化饲养环境与资源配置

在园内合理规划饲养角，根据不同动物的习性设置适宜的生活空间，配备充足的饲养工具和材料。同时，根据幼儿的反馈和兴趣，不断调整和更新饲养角的布局和内容，确保幼儿能够积极参与饲养活动。此外，还可以利用幼儿园的户外空间，打造小型的生态养殖区，让幼儿更加亲近自然。

（二）大胆改革课程

1. 基于幼儿兴趣生成课程

教师要密切观察幼儿在饲养活动中的兴趣点和疑问，以此为基础生成饲养劳动主题活动或项目式活动。例如，当幼儿对小兔子的饮食产生好奇时，教师可以组织幼儿开展"小兔子的美食之旅"项目活动，让幼儿通过调查、实验等方式，了解小兔子的饮食习惯。

2. 将饲养劳动教育融入一日生活

饲养劳动教育是幼儿综合的学习，幼儿园应该将饲养劳动教育融入幼儿的一日生活。如，在早餐后，安排幼儿照顾饲养的动物；午餐后、午睡前，可以请幼儿边散步边分享饲养心得。同时，将饲养劳动与语言、科学、艺术等领域的教育活动有机结合，如让幼儿讲述自己的饲养故事，观察动物的生长过程并进行记录，以绘画或手工的形式表现自己对动物的认识，等等。

3. 完善园本教研体系

可以根据小、中、大班幼儿的身心特点，围绕"幼儿饲养劳动对象选择""饲养环境创设""饲养劳动组织实施""饲养劳动观察与评价"等核心问题设计为期三年的递进性教研计划，采用专家讲座、小组研讨、读书分享、案例分析、环境观摩、家园共育交流、实践操作、经验共享、"头脑风暴"、线上学习、社区调研、成果展示评价等多种方式，开展幼儿饲养劳动教育教研活动，层层递进，破解教师在饲养劳动教育实践中的难点问题。

比如，针对我园部分年轻教师提出的"小班幼儿的饲养兴趣无法持续"的问题，我们组织了专题教研沙龙。先请教师讲述自己所带的小班幼儿在饲养活动中兴趣消退的具体表现，再以同伴互助的方式梳理小班幼儿的身心特点，以及小班幼儿饲养劳动教育目标，随后，结合环境视导和案例分析，从该班的饲养环境创设、饲养主题活动线索设计、师幼互动情况等方面，深入分析小班幼儿的饲养兴趣无法持续的原因，共同探讨并梳理有效激发和维持小班幼儿饲养兴趣的策略。

再如，我园围绕不同年龄段幼儿使用饲养劳动工具的问题，展开了分组教研。不同的年级组首先分别梳理本年段幼儿可使用的劳动工具的种类、方法、注意事项，再集中三个组的教师共同讨论幼儿饲养不同动物可能运用的劳动工具，结合前面的分组教研，梳理出"饲养劳动工具使用策略"，面向全园进行分享。

（三）做细做实饲养劳动教育管理

1. 建立卫生防疫制度与合作机制

幼儿园应制定严格的饲养劳动卫生管理制度，明确教师和幼儿在饲养过程中的卫生职责，如定期对饲养区域进行消毒、为动物接种疫苗等。同时，应加强与社区卫生防疫部门的沟通与合作，邀请专业人员进行指导和培训，确保饲养活动符合卫生防疫要求。

2. 开展社区互动与宣传活动

定期邀请社区居民参观幼儿园的饲养劳动教育活动，让他们亲身感受饲养劳动对幼儿成长的积极影响。组织幼儿走进社区，开展饲养知识宣传活动，如制作儿童海报、发放宣传资料等，以提高社区居民对饲养劳动教育的认知度和支持力度。

3.总结与展示教育成果

幼儿园要定期对饲养劳动教育成果进行总结和梳理，通过举办成果展示会、编写教育案例集、发布宣传视频等方式，向社会展示饲养劳动教育的成效。例如，每学年举办一次饲养劳动教育成果展示会，邀请家长、社区代表和教育部门领导参加，展示幼儿的饲养劳动相关作品、观察记录等，以提升社会对饲养劳动教育的认可度。

第二章 幼儿园饲养劳动组织实施

我园在实践中发现，幼儿劳动教育主要以两种形式展开。一种形式是渗透在一日生活各个环节中的劳动教育，如生活活动中的自理劳动、游戏活动中的玩具收纳劳动等，教师可以通过绘本、图示、演示、对话等方式开展劳动情境下的教育，也可以集中一个阶段内的问题来开展集体活动，破解幼儿劳动教育中的难点，提高劳动教育成效。另一种比较有效的形式是基于主题活动的综合性劳动教育活动。相较于生活劳动教育活动，主题劳动教育活动的特点是围绕某一问题，在一个阶段内，针对某种劳动形式，引导幼儿开展深入学习和体验。这种学习方式，帮助幼儿发散思维，使其体验多元化，幼儿获得的经验也是多层次、多维度的。

我园重点以综合性饲养主题劳动教育为载体，开展幼儿劳动教育研究。为帮助教师科学开展幼儿劳动教育，我园提炼出幼儿饲养劳动主题教育活动实施的三环节：

第一环节，讨论与决策。关注生活中幼儿对饲养活动的兴趣，赋权幼儿自主讨论、决策劳动主题，教师做好判断与支持，并鼓励家长积极参与。

第二环节，饲养与劳动。梳理饲养劳动开展的线索，建构饲养劳动多元资源，提供饲养劳动实施保障。支持教师追随幼儿深入开展饲养劳动，支持幼儿通过观察记录、猜测想象、使用工具、劳动操作而形成经验。

第三环节，总结与评价。引导幼儿自主展示饲养劳动的过程和成果，亲、师、幼多主体、多形式，对饲养劳动主题活动进行评价和总结，帮助幼儿梳理核心经验体系。

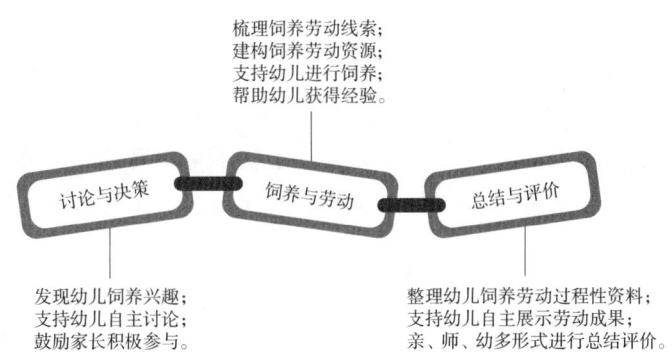

幼儿饲养劳动主题活动三环节

一、饲养前，讨论与决策

（一）"讨论与决策"的主体

幼儿饲养劳动主题活动的主体是幼儿，幼儿可以根据自己的兴趣、经验和需要，自主选择饲养对象和学习内容。教师在饲养劳动主题孵化的过程中也起着重要作用，他们通过观察、引导、支持和评价等方式，帮助幼儿在饲养劳动中获得经验和知识，并将幼儿的学习成果与饲养主题的教育目标、课程内容、教学方法和评价方式有机结合起来。同时，家长的参与和支持是课程孵化的保障和支撑，幼儿园应该充分发挥家长资源的作用，为幼儿提供更加优质和有益的教育体验。

1. 幼儿主体

师幼共同讨论，筛选出部分饲养对象，教师引导幼儿对饲养对象进行调查了解。基于讨论及调查经验，组织开展投票选举活动，最终确定饲养对象。在投票活动之前，为了帮助幼儿更加全面地了解每种候选动物，可以设置演讲环节，让幼儿代表向大家介绍自己心仪的动物的特点、习性、饲养方法等。演讲环节结束后，让幼儿根据自己的喜好投票。随后公布投票结果，让幼儿知道他们选择的动物是否被大家接纳。同时，教师可以针对饲养对象发放初期的亲子调查问卷，了解幼儿对饲养对象感兴趣的问题，并请幼儿用绘画、符号等方式将问题记录下来。

【案例片段】"我选小蝌蚪！"——大胆提问，自由表达

春季开学后，叮当带来了爸爸帮她捕捞的小蝌蚪。小蝌蚪的到来引发了孩子们的兴趣，他们争先恐后地分享了假期接触动物的各种趣事。教师提问了："如果老师支持你们在幼儿园养自己喜欢的动物，你们最想养什么？"

孩子列举了小蝌蚪、小乌龟、小蜗牛、小鸡等动物。于是，教师在班上组织开展了"饲养什么动物"投票选举活动。在各队代表对自己这队想养的动物进行介绍后，大家投票，最终小蝌蚪胜出。

随后，教师和孩子们以"饲养小蝌蚪，你想了解哪些有趣的问题？"为话题，初步进行了线上交流，教师提炼了幼儿感兴趣的话题并记录下来，有：小蝌蚪喜欢吃什么？它们有牙齿吗？小蝌蚪喜欢什么样的家？小蝌蚪需要多久才能变成青蛙？蝌蚪为什么会变颜色？等等。基于幼儿感兴趣的问题，教师还向家长发放了"班级

 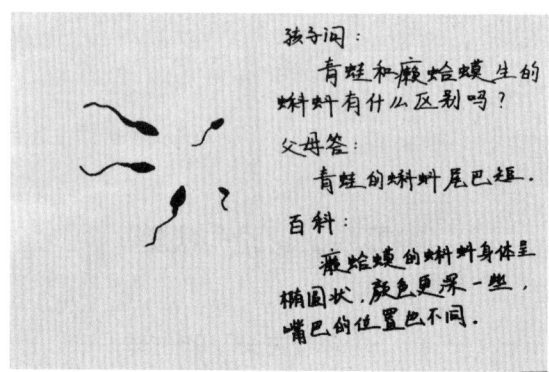

"关于蝌蚪，我想问……"幼儿表征作品

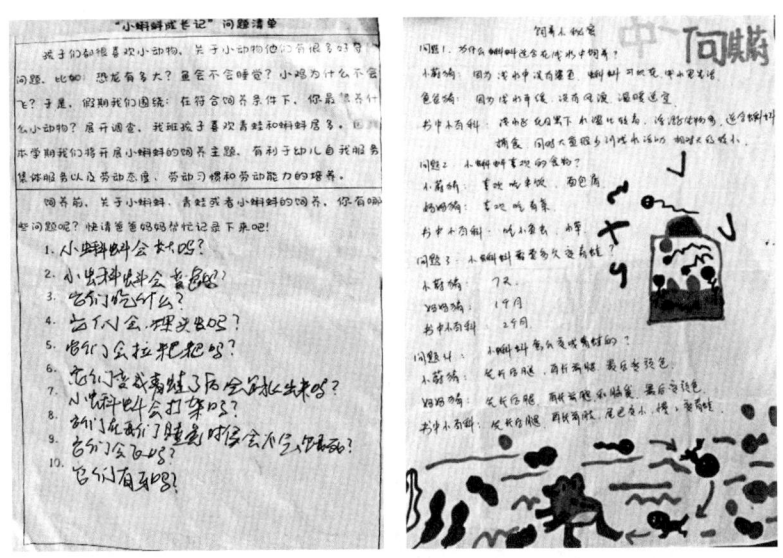

"班级动物饲养"亲子调查问卷

动物饲养"亲子调查问卷，引导幼儿用语言或绘画的方式表达，请家长进行记录。

——节选自中班饲养劳动故事《小蝌蚪成长记》

教师：陈丝丝、林妮、翁岚栖

2. 教师支持

首先，在确定饲养对象之后，教师整理幼儿的自由表征作品及亲子调查问卷，并做相关分析，梳理幼儿的问题，形成"饲养问题清单"，以进一步明确饲养劳动的探究线索。其次，教师基于前期的师幼讨论，对饲养内容作出判断，全面考虑动物的需求和特点，以及安全措施、幼儿的已有经验和兴趣、可利用的资源等因素，从饲养劳动的生活性与探究性、《3—6岁儿童学习与发展指南》的要求、幼儿的"最近发展区"、学习品质培养等方面进行价值分析，以取舍饲养劳动内容，并确定饲养劳动内容的优先等级，进而架构饲养劳动活动的探究路径。最后，结合班本化饲养劳动主题，师幼共同展开设想和期望，用思维导图的形式对饲养劳动计划内容进行表达。

【案例片段】了解小蝌蚪——锁定问题，形成清单

在教师和家长支持下，幼儿将自己感兴趣的问题以绘画、符号等方式表达出来，完成了亲子调查问卷。随后，教师组织开展了第二次线上分享与讨论。这一次，教师仍然对孩子们感兴趣的话题进行了收集与分析，并分类整理相关问题，形成"问题清单"。

关于小蝌蚪的幼儿问题清单

序号	问题	兴趣点
1	小蝌蚪喜欢什么样的家？	小蝌蚪的生长环境
2	养小蝌蚪要用什么水？需要给小蝌蚪换水吗？	
3	小蝌蚪可以离开水而生活吗？为什么小青蛙能离开水而生活？	
4	小蝌蚪会不会自己吃饭？需不需要喂小蝌蚪吃饭？	小蝌蚪的食物
5	小蝌蚪没有牙齿，怎么吃东西？	
6	小蝌蚪喝什么？吃什么？	
7	小蝌蚪能吃鱼饲料吗？	
8	小蝌蚪是吃微生物的吗？微生物是什么？	
9	为什么小青蛙会叫，小蝌蚪不会叫呢？	小蝌蚪的生长变化
10	小蝌蚪为什么是黑色的？长大变成青蛙后为什么就变成绿色了呢？	
11	小蝌蚪有多少种颜色？	
12	小蝌蚪长大后变成青蛙，青蛙会不会变成癞蛤蟆？	
13	小蝌蚪出生几天后变成青蛙？	
14	为什么小蝌蚪有尾巴，小青蛙没有尾巴？	
15	小蝌蚪为什么和它们的妈妈长得不一样呢？	
16	小蝌蚪是先长前腿还是后腿？	
17	为什么小蝌蚪变成青蛙后，尾巴就不见了？	
18	为什么不同种类的青蛙叫声会不一样？	
19	《小蝌蚪找妈妈》的歌怎么唱？	延伸问题
20	什么动物喜欢吃蝌蚪和青蛙？小蝌蚪和小青蛙怎么保护自己？	
21	小蝌蚪会长头发吗？	
22	小蝌蚪会打架吗？	
23	小蝌蚪有牙齿吗？	
24	青蛙为什么会生卵？青蛙和小蝌蚪又是怎么来的？	
25	小蝌蚪喜欢白天还是喜欢晚上？	
26	小蝌蚪出生后为什么见不到妈妈？	
27	天气冷，为什么小蝌蚪不出来？	
28	小蝌蚪会跳吗？	
29	小蝌蚪有没有嘴巴？	
30	小蝌蚪会飞吗？	

序号	问题	兴趣点
教师的思考	在孩子们交流、讨论的过程中，教师发现他们对小蝌蚪产生了浓厚的兴趣，并提出了关于小蝌蚪的多元化的问题。基于孩子们的兴趣点和问题，教师对如何支持和推动活动发展有以下思考： 这个主题正好发生在美丽的春天。春天是万物复苏的季节，是小蝌蚪生长的季节，但由于大部分孩子对小蝌蚪不太了解，教师也缺乏饲养小蝌蚪的经验，所以教师可以在班级创设一个饲养环境，并和幼儿一起围绕相关问题进行讨论，如：1.去哪里寻找小蝌蚪？2.捉小蝌蚪需要什么工具？你会给小蝌蚪安置什么样的新家？你觉得小蝌蚪会喜欢吗？……还要鼓励亲子周末按照幼儿的"寻找计划"去寻找小蝌蚪，以丰富幼儿的生活经验，增进亲子感情，激发幼儿热爱大自然的情感。 其次，和幼儿一起讨论如何饲养小蝌蚪，如果不会养，怎么办。根据讨论结果，提供关于小蝌蚪的书籍、饲养工具、观察探究工具等，鼓励亲子查阅资料，然后自制《小蝌蚪饲养小秘密》等，丰富幼儿的认知经验。 最后，根据幼儿的兴趣点，在主题探索过程中，梳理总结出多条可开展的线索，归纳整理幼儿"问题清单"，并针对问题逐步开展探究。	

——节选自中班饲养劳动故事《小蝌蚪饲养记》

教师：陈丝丝、林妮、翁岚栖

【案例片段】探索小蝌蚪——制定计划，形成路径

教师根据幼儿的问题，归纳整理出"问题清单"，并进一步开展提炼分析，发现幼儿对小蝌蚪的外形特征、生活习性兴趣浓厚，大家的疑问主要集中在以下几点：

1. 小蝌蚪喜欢什么样的家？
2. 怎样才能更好地照顾好小蝌蚪？
3. 小蝌蚪是怎样变成青蛙的？
4. 小蝌蚪需要多少天才会变成青蛙？
5. 蝌蚪变青蛙后会去哪里？

教师抓住了幼儿的兴趣点，明确了主题方向，确定主题内容为"小蝌蚪饲养记"。计划引导幼儿从还未长出脚的小蝌蚪开始饲养，更利于幼儿观察、照顾、对比与记录，幼儿不仅能直观、真实地感受动物的成长变化，感受动物的生命过程，还可以切身体验到自己的行为与动物生命之间的关系。确立主题目标、预设主题思维导图如下——

情感与态度：乐意主动、持续对小蝌蚪进行观察，能清楚地表达观察到的现象和想法；喜欢参与照顾小蝌蚪的活动，感受饲养劳动带来的乐趣；萌发关爱动物的情感，懂得尊重与珍惜生命。

过程与方法：能借助手电筒、放大镜等观察工具仔细观察小蝌蚪，探究小蝌蚪的生活习性和饲养方法，能用语言、绘画、动作、符号等表达自己的猜测、想象、

思考和发现；能通过操作、观察、比较、亲子调查、劳动体验等方式探究饲养小蝌蚪的方法，并尝试解决饲养中遇到的难题。

知识与技能：了解小蝌蚪的外形特征、生活习性以及饲养方法，为小蝌蚪营造适宜的生活环境；活动中，能够主动、按时完成饲养劳动任务，并在老师的帮助下自行协商、解决问题。

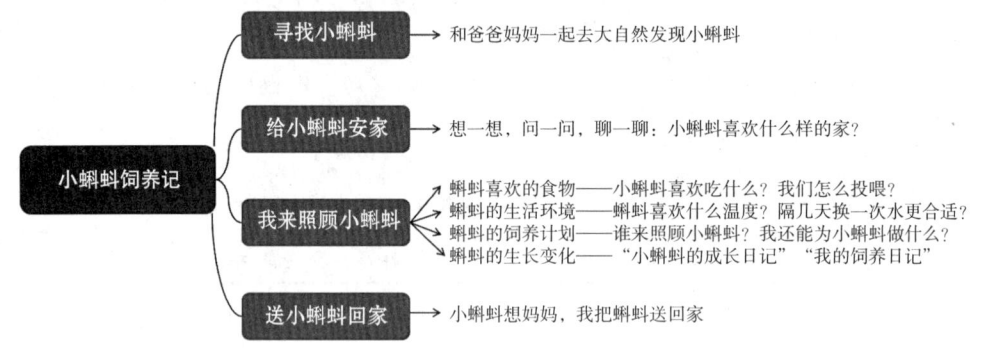

"小蝌蚪饲养记"主题思维导图

——节选自中班饲养劳动故事《小蝌蚪饲养记》

教师：陈丝丝、林妮、翁岚栖

3. 家长参与

饲养劳动课程孵化需要家长的积极参与和支持，也需要充分利用各种课程资源，以达到更好的教育效果。教师通过家长会、家长参观日等方式，让家长了解饲养劳动主题活动的内容和目标，并鼓励家长积极参与幼儿的饲养活动，因为家长们拥有丰富的生活经验和知识，可以为幼儿提供各种资源和支持。幼儿园应该充分利用家长资源，如邀请有饲养知识的家长来幼儿园举办讲座、分享经验等，协助教师和幼儿共同完成一些课程内容孵化工作。课程资源是课程孵化的重要保障，饲养课程应该充分利用地域课程资源，如动物园、农场、宠物店等，为幼儿提供更多饲养劳动的社会性体验机会。

（二）"讨论与决策"的方式

在教师的支持下，幼儿通过讨论互动、阅读绘本、参观体验等方式，深入探究饲养劳动主题，并将所获得的知识和经验迁移应用到实际生活中，促进思维发展、语言表达、社会交往和情感体验等的全面发展。

1. 基于亲、师、幼关系而开展讨论

（1）线上互动

线上互动是利用网络平台进行实时交流的方式，这种方式打破了时间和空间上的限制，即便是在假期或周末，也能让家长、幼儿参与到饲养劳动的讨论中来。亲、师、幼可以在线上围绕饲养劳动相关内容进行交流，如讨论饲养对象的选择、发布饲养活动亲子调查问卷、分享幼儿实地寻访小动物的观察记录或调查报告、发布其他与饲养劳动相关的资源等。让幼儿和家长随时保持与教师和其他幼儿的联系，增强幼儿及家长对饲养活动的了解程度和参与度，从而实现以幼儿为主体、教师支持探究、家长积极参与的饲养劳动主题活动孵化，促进教育的一致性和连续性。

【案例片段】邂逅小蝌蚪——交流讨论，发现兴趣

春天是万物复苏的季节。池塘边的柳树长了新叶，树枝上鸟儿开始筑窝。这一切，对于爱好观察、好奇心重的孩子们而言都是新奇的、美好的。小动物是最贴近幼儿生活、幼儿最感兴趣的事物之一。恐龙是什么样子的？鸡的嘴巴为什么是尖尖的？鱼怎么睡觉？孩子们的问题可多了。为了满足孩子们的兴趣与探究欲望，周末，我们在微信群开始了轻松的聊天。

林老师："亲爱的家长朋友们，为了下学期课程顺利开展，我们需要提前做好课程解读。今晚8：00和明晚8：00，我会和大家聊聊'关于小动物的那点事儿'，希望大家都能在线哦！需要做的准备是：1.请家长陪孩子看动物主题的绘本（视频或图片也可）。2.请家长用小纸条记录下孩子表达的喜欢哪些小动物的文字内容，以及孩子喜欢这些小动物的理由。3.请家长跟孩子讨论：希望幼儿园饲养什么小动物？为什么？可以实现吗？"

凡容："我最喜欢的是小蚂蚁。我家里有《小蚂蚁奇遇记》这本故事书，我看过这本故事书，里面的小蚂蚁很聪明，也很能干，它在冒险的路上遇到了很多困难，但是它用自己的胆量和聪明去克服困难。"

子叶："我最喜欢的小动物是小兔子，因为小兔子很漂亮。但是小兔子身上可能带有细菌，幼儿园小朋友很多，如果大家都喜欢用手抚摸小兔子的话，就可能会生病。嗯……我也喜欢小乌龟和小金鱼。小乌龟比较安静，不怎么活动，小金鱼不错，喜欢游来游去。（可以把它们）养在大鱼缸里。还可以一起养一点水草。大家不会抚摸，很安全。以后每天都可以喂小金鱼，看着它一点点长大。"

桦桦："老师，我喜欢小仓鼠，因为我看电视的时候看到有小朋友养小仓鼠，我觉得它很可爱，它的毛是毛茸茸的呢。我问花花喜不喜欢小蝌蚪，因为我刚开始给她妈妈发信息，她妈妈说，有时间的话会带花花去捞蝌蚪，然后我就问：花花你家楼下是不是有很多小蝌蚪可以捞？"

花花："我家楼下有一个大水池，里面有金鱼，还有蝌蚪，还有乌龟，等我下去捞的时候给你拍照片哦。"

……

许多孩子分享了自己的饲养经历,他们曾经养过鱼、小蝌蚪、乌龟、仓鼠、小兔子、小猫、小狗等。叮当向小朋友们分享了自己踏春时"遇见小蝌蚪的故事",同时带着故事的主人公——"蝌蚪"给镜头前的小朋友们认识,引出了孩子们的许多问题。

泽泽:"小蝌蚪有眼睛吗?"

朵朵:"小蝌蚪怕黑吗?"

……

小蝌蚪的出场迅速引发了大家的兴趣,各种问题随之而来。随后,我和孩子们一起带着诸多好奇和满满的兴致,开启了小蝌蚪的探究之旅。

——节选自中班饲养劳动故事《小蝌蚪饲养记》
教师:陈丝丝、林妮、翁岚栖

(2)线下讨论

教师组织线下的讨论,要先明确讨论的中心话题,并设定具体目标,以便参与者能够理解讨论的重点和目的。

① 讨论前

明确讨论主题。教师要在饲养劳动主题确定前,围绕饲养对象的选择展开讨论。教师可以提前一天将讨论任务告知幼儿,让幼儿思考自己想要饲养的小动物及理由,同时,在班级群发布讨论公告,请家长与孩子在家提前做简单的交流。这有助于使讨论的方向和效果符合预期。

准备讨论会。教师需要确定讨论的时间、地点和参与人员。可以选择在教室、动物饲养场所或者在线进行讨论;同时,教师根据需要,可以请幼儿带来饲养对象的相关资源,如图书资料、视频、小动物等,为讨论提供更多的素材和支持,以便幼儿之间可以更好地了解和观察饲养对象。

② 讨论中

引导讨论。为了使讨论更有效,教师可以通过关键性提问引导参与者进行深入讨论。如:"请问你想饲养什么小动物?""为什么想饲养它?请分享一下你的想法。"同时,教师也应该鼓励参与者提出他们自己的问题或观点,这可以激发更多的思考和交流,确保讨论不会偏离主题或失去方向。

记录和总结。在讨论过程中,记录下一些重要的观点和问题,以便后续跟进和支持。讨论结束后,进行梳理与总结,并对提出重要观点的参与者给予反馈和肯定。

③ 讨论后

讨论结束后,教师可将讨论的过程和结果展示在主题墙上,将总结内容分享给家长,也可以进一步提供一些资源或绘本书目,以便幼儿利用资源进行思考和学习，为后续的讨论提供支持。最后，可通过商讨与投票等方式选择饲养对象、决定重要事项等。

（3）讨论注意事项

通过明确讨论主题和目标、充分的准备、有效的引导、记录和总结，以及后续的支持，可以在一定程度上保证讨论的效果和质量。除此之外，组织讨论是一个相对复杂的过程，在组织关于饲养对象的讨论时，需要注意引导幼儿思考饲养对象的安全性和适宜性。

① 提出安全性方面的问题

在讨论中，可以提出一些与安全情况相关的问题，例如："这种动物是否会攻击人？""这种动物是否需要隔离？"以引导幼儿思考饲养对象的安全性。

② 引入与适宜性相关的话题

可以引入一些与适宜性相关的话题，例如："这种动物是否适合在我们的家中饲养？""这种动物是否需要特别照顾和关注？"以引导幼儿思考饲养对象的适宜性。

③ 提供相关信息

讨论中，教师可以为幼儿提供一些与饲养对象相关的信息，如动物的习性、饲养条件、健康状况等，引导幼儿进行交流，帮助幼儿了解饲养对象的特点和饲养要求。

④ 鼓励幼儿提问

鼓励幼儿在讨论中提出问题，如"这种动物需要吃什么样的食物？""这种动物是否需要每天洗澡？"……以引导幼儿积极参与讨论，并思考相关问题。

⑤ 推动幼儿参与讨论

教师应积极推动幼儿进行讨论，可以提出既有开放性又有趣的问题，如"你认为这个动物的照顾方式是什么？"等，以帮助幼儿深入思考，积极表达。

【案例片段】你好，蚕宝宝！

迎着春风，孩子们愉快地聊起清明假期中遇到的有趣的动物。于是，我组织了一次"假期遇到的小动物们"的谈话活动。

小浣："我爸爸带我去动物园，我们看到了好多小羊。"

沅芷："我跟爸爸妈妈回乡下老家，我每天都在奶奶家的院子里和小鸭子一起玩。"

予希："我妈妈带我去商场，我看见了小兔子，我喜欢小兔。"

德有："我喜欢小狗，我家里养了一只小狗。"

洁莹："我家里养了好多漂亮的鱼，我妈妈说，有一条鱼妈妈很快就要生小鱼了呢！"

永一："我哥哥在家里养了一些蚕宝宝。蚕宝宝小小的,我也喜欢蚕宝宝。"

孩子们你一言我一语,说起了自己喜欢的小动物,兴趣高涨。

我:"如果在我们班上养一种小动物,你们想养什么呢?"

希希:"我想养兔子。"

淙淙:"我想养蚕宝宝。"

我继续追问:"你想饲养的动物会不会咬人?会不会有传染病?会不会有毒?如果是野生动物、国家级保护动物,那都不能养哦。请结合这些,重新想想要饲养什么小动物。"

许多孩子分享了自己知道的饲养安全知识:小狗会咬人,可能会有传染病,还要打疫苗……

我:"你们每个人都有自己的想法,喜欢的小动物也不一样,想养的动物种类太多了,怎么办呢?"

嘉懿:"我们投票吧,看看哪种小动物想养的人多。"

大家同意投票的方案。

经过大家投票,小兔、小鱼和蚕宝宝的票数一样多。

我:"这三种小动物的票数一样多,这可怎么办?"

昕雨:"我们可以从小到大养,先养最小的动物。"

俞筝:"这个主意好,我见过蚕宝宝,蚕宝宝是最小的。"

……

——节选自中班饲养劳动故事《你好,蚕宝宝!》

教师:李清岚、邱瑶、杨玲

2. 基于幼儿阅读而开展讨论

绘本在幼儿饲养劳动主题活动中发挥着重要的教育和孵化作用,它不仅可以为幼儿提供丰富的饲养劳动知识,还可以激发他们对饲养的兴趣和好奇心,培养他们的责任感和同情心。在饲养劳动开展过程中,应该注重利用绘本等教育资源,引发幼儿讨论,推动主题活动持续、深入开展。

首先,投放科普类、故事类、欣赏类等不同类别的关于饲养主题的绘本,为饲养劳动提供知识与经验支撑。绘本中往往包含大量的动物知识和饲养知识,幼儿可以通过阅读绘本了解不同动物的生活习性、饮食习惯、生长环境等。在绘本阅读过程中,教师可以结合图片和故事情节,跟幼儿共同讨论饲养小动物的基本知识和技能,例如,如何为小动物提供合适的食物、如何清洁它们的居住环境等。总之,通过阅读活动以及讨论,能加深幼儿对动物的认知和了解,为饲养劳动提供经验基础。

其次,开展亲子阅读或"共读一本书"活动,引导亲子间开展讨论,激发幼儿的兴趣和好奇心，孵化饲养劳动课程内容。在饲养劳动主题活动开始前或过程中，可以开展亲子绘本阅读活动，绘本中生动有趣的插图和故事情节，不仅可以向幼儿展示动物丰富多彩的生活，还有助于激发家长对动物的兴趣和好奇心，增强家长陪伴孩子共同探索的欲望。绘本中也常常讲述动物的故事和经历，通过了解这些内容，幼儿可以理解动物的需要和情感，在家长的陪伴阅读下，更有利于幼儿产生对动物的责任感和同情心。

绘本内容是幼儿饲养劳动间接经验的补充。在主题活动开展初期，在讨论确定饲养对象时，绘本可以弥补幼儿对饲养对象认知经验的不足；在课程持续发展的过程中，在讨论生成活动内容环节，绘本可以为饲养劳动的深入实施提供新的经验支撑，为幼儿饲养劳动主题活动的开展提供有力支持。

【案例片段】小兔子饲养劳动中绘本的投放

我们在阅读区投放了不同类别的与"兔子"相关的绘本图书，这些书有科普类的、故事类的、情感类的、自我认知类的和社会交往类的。这些书籍对饲养活动具有不同的支持作用，可以帮助幼儿更好地认识兔子，了解饲养兔子的方法，并促进幼儿阅读和讨论。

1. 科普类——《我想当动物医生》《动物们是怎样睡觉的？》等书籍，可以提供关于兔子健康状态和生活习性等方面的知识，帮助幼儿了解如何更好地照顾兔子，还可以激发幼儿对动物科学和生物学的好奇心。

2. 故事类——《假如动物去餐厅》《爱跳的小兔子》等，可以激发幼儿的想象力和创造力，通过有趣的故事情节帮助幼儿更好地了解兔子的行为和习性。

3. 情感类——《猜猜我有多爱你》《逃家小兔》等，通过拟人化地讲述兔子之间或兔子和人类之间的情感联系，帮助幼儿更好地理解并表达自己的情感，增进亲子关系。

我园的阅读环境

与饲养主题相关的图书

4. 自我认知——《我不知道我是谁》《好饿的兔子》等绘本，可以帮助幼儿了解自己的感受和想法，并学习如何处理情绪、怎样面对一些困难，还可以促进幼儿自我反思，发展自我认知。

5. 社会交往——《没有耳朵的兔子》《我的兔子朋友》《兔子的12个大麻烦》《烦人的兔子》《五只兔子》《100只兔子想唱歌》《兔子先生和美好的礼物》等绘本，可以提供关于友谊、合作、解决问题和冲突等方面的信息，帮助幼儿学习如何与他人相处，如何建立良好的人际关系。

——节选自大班饲养劳动故事《逃家小兔》
教师：谢潇楠、林彬、巩妮霞

【案例片段】小兔子饲养劳动中，向绘本学习抱小兔

这天，我在抱兔子时，不小心被小兔子的爪子划伤了，孩子们特别关心我，有的说要马上擦消毒药水，有的询问我要不要打针，还有个别小朋友表示怕自己也被兔子抓伤都不敢再抱兔子了。我急忙安慰道："应该是我抱兔子的时候让它不舒服了，误以为我要伤害它，想逃跑，所以它抓伤了我。你们在抱它时动作要温柔些，不要让它感觉不舒服。"

怡墨："我妈妈说了，抱小动物不能太用力。"

我："老师也要和你们一起学习抱小动物的方法。"

第二天，夏陌小朋友从家里带来一本《兔兔跟你想的不一样》，里面详细说明了要怎样抱兔子。我带着孩子们一起阅读，然后交流，学习正确的抱兔子的方法。我们一边看书，一边讨论，孩子们互相提出建议，学习与小动物交流、互动的正确

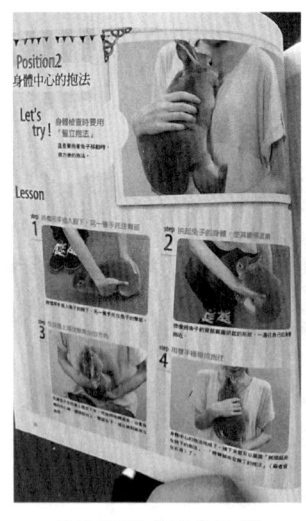
幼儿翻阅书籍查资料

学会正确抱兔子的姿势

方法。后来，从他们小心翼翼抱着小兔子的样子中，我看到他们心底对小兔子的关心和爱护。

——节选自小班饲养劳动故事《小兔乖乖》
教师：翁茜茜

3. 基于参观体验开展讨论

参观体验是指让幼儿亲身参与一个实际的饲养环境，通过观察、实践、互动等方式来加深对饲养劳动的理解和感受。参观体验能激发幼儿对动物的兴趣和热爱之情，让幼儿在实践中学习和获得相关的饲养经验。例如，组织幼儿参观动物园或宠物店，幼儿可以认识不同的动物，了解它们的习性和生活习惯；组织幼儿到农场或农村田野进行寻访，实地、亲身感受动物真实、自然的生活和习性。这不仅可以增加幼儿关于饲养的知识和经验，引发他们围绕饲养劳动主题活动开展讨论、进行计划，还可以让幼儿更好地了解动物的生态环境，萌发生态保护意识，从而促进饲养劳动课程的孵化。

根据幼儿的实际经验和饲养劳动主题探究活动的需求，组织参观体验活动的时机可以选择在饲养主题开展前、中、后的任何阶段。在饲养劳动主题确立之初组织参访活动，可以为饲养对象的讨论与决策环节提供整体经验支撑；在饲养劳动主题探究的深入阶段，参访体验能够整合幼儿零散的饲养劳动经验，为课程深化提供新经验。

（1）参观体验策略具有直观性、实践性、生动性和综合性等特点，能够对幼儿积极、有效的讨论及饲养劳动课程孵化产生推动作用。

（2）参观体验让幼儿能更加直观地了解动物的生活习性和行为特征，这种直观性能够加深幼儿对动物的认识和了解。例如，在参观农场时，幼儿观察动物的生活环境和习性，能更直观地了解动物的特点和行为方式。

（3）参观体验让幼儿亲身参与动物饲养过程，具有实践性，这种实践性能够加深幼儿对动物饲养知识和技能的理解，提高掌握水平。例如，在参观动物园时，幼儿在饲养员指导下，体验喂食活动，能够在现场了解动物的饮食习惯和喂食技巧等。

（4）参观体验是一种生动有趣的教学方式，能够更好地吸引幼儿的注意力，提高他们的饲养劳动兴趣和参与度，使学习变得更加有趣和有意义。

（5）参观体验能够将多个领域的知识和技能融合到一起。例如，参观宠物店，就为幼儿饲养劳动教育提供了一种实践与理论相结合的学习方式，既让幼儿了解动物的生活习性、行为特征等多个领域的知识，也将生物学、营养学、卫生习惯等多个领域的知识融合到一起，提高幼儿的综合素养。

(三)"讨论与决策"的内容

幼儿饲养劳动中的讨论与决策环节,主要聚焦于讨论饲养劳动的程序、责任与分工、价值与意义、需要注意的问题以及问题的解决方案等方面。在饲养劳动教育活动具体实施过程中,讨论与决策环节是非常重要的,教师大致可以引导幼儿围绕下列内容来开展讨论、作出决策:

1. 谁来养?

引导幼儿围绕这个问题进行讨论并作出决策,旨在让幼儿思考饲养活动的责任和义务。通过讨论可以得出结论,如由班级集体来养或者由家庭轮流来养。同时,教师引导幼儿意识到,饲养活动需要付出时间和精力,需要明确饲养劳动要靠大家共同努力,以培养孩子们的责任感。

(1)讨论饲养劳动的主体和责任。通过讨论,幼儿首先需要明确所饲养对象的照顾主体及责任。如幼儿在园采取集体饲养、值日生照顾的饲养劳动方式;假期时采取家庭轮流饲养、照顾的方式。同时,通过讨论,幼儿要明白饲养动物需要承担责任,包括提供食物、住所、保持动物及生活环境的干净卫生等。

(2)讨论劳动任务和分工。请幼儿讨论如何合作完成任务,确定谁负责哪些工作。例如,谁提供动物的食物,谁负责喂养动物,谁清理动物的居住环境等。还要引导幼儿讨论如何遵守班级饲养制度和规定等。

2. 在哪里养?

引导幼儿围绕这个问题进行讨论并作出决策,旨在让幼儿思考饲养场所的选择和管理。教师可以引导幼儿根据动物的习性思考如何为小动物提供一个舒适、安全的生活环境。

(1)讨论饲养区域的选择。根据饲养动物的属性、类别等进行讨论,确定是在班级里设置一个小动物饲养区,还是在幼儿园的户外饲养园里养小动物。例如,禽鸟类或大型哺乳动物可养在户外饲养园里,小型爬行类、昆虫类、哺乳类和孵化阶段的动物可选择养在班级饲养区。

(2)讨论饲养区的适宜性。教师也要引导幼儿意识到,饲养动物的场所不仅要保持干净、整洁,还要适宜动物居住,要有利于动物保持快乐和健康,有利于人与动物建立良好的互动关系。如,引导幼儿讨论,为喜静喜暗的仓鼠选择能较好遮蔽光线的饲养笼,同时让幼儿明确"不在班里大声喧哗"的规则,为仓鼠提供一个舒适的居住环境。

3. 怎么养?

引导幼儿围绕这个问题进行讨论并作出决策,旨在让幼儿了解小动物的生活习性和生活需要,了解如何满足它们的需求。教师可以引导幼儿通过观察、查阅资料、咨询专业人士等方式,了解小动物的生活习性和生活需要。在此基础上,教师协助幼儿制订一份详细的饲养劳动计划,包括每天喂食、换水、清理饲养区等。这样不仅可以培养幼儿的劳动意识和责任感,也可以让他们更深入地了解小动物的生活需求。

(1)讨论饲养劳动的程序。帮助幼儿了解饲养动物的步骤和流程,师幼讨论过程可以让幼儿了解饲养对象的生长环境、饮食习性、生活规律、基本的饲养知识和技巧等方面的知识,让幼儿了解如何为小动物提供适宜的生活条件。同时,教师也可以引导幼儿思考、讨论如何制订饲养劳动计划,确保活动有序进行。

(2)讨论劳动技能和方法。师幼共同讨论饲养劳动中需要的技能和方法,如怎样正确地喂养动物、如何清洁动物居住的环境、如何正确使用劳动工具和设备、如何与动物建立良好的互动关系等。

(3)讨论劳动安全和卫生。引导幼儿讨论如何确保劳动安全和卫生。例如,需要讨论如何与动物保持适当的距离,如何避免危险行为,怎样穿戴适当的防护装备,怎样使饲养区域保持干净整洁,在遇到紧急情况时应该如何处理,等等。

4.遇到问题怎么办?

引导幼儿围绕这个问题进行讨论并作出决策,旨在让幼儿思考如何应对饲养劳动中可能出现的问题。教师可以引导幼儿讨论一些突发事件的应对策略,如:小动物生病怎么办?小动物意外死亡,如何面对?等等。教师也要让幼儿意识到,饲养过程中出现问题是很正常的,需要大家共同面对和解决。

(1)讨论动物的健康状况。引导幼儿讨论如何保护动物的健康。例如:怎样给动物提供充足的食物和水?怎样做才能预防动物疾病?让幼儿明白如何正确地照顾小动物,确保它们的健康和安全。

(2)讨论问题的解决方法。相关讨论活动不仅需要帮助幼儿了解饲养过程中可能出现的问题,更要重点讨论如何预防和解决出现的问题。例如,如何及时发现并处理动物生病的情况。以此培养幼儿解决问题的能力和团队协作的精神。

通过以上几个方面的讨论和决策,幼儿可以更好地了解饲养劳动的要求和自己所需要承担的责任,进一步理解饲养劳动的价值和意义;可以掌握饲养小动物的基本知识和技能,了解动物保护、生态平衡等方面的知识;可以理解劳动对于照顾动物成长的重要性,培养责任感和热爱动物的情感;可以提升自身的身心发展水平和社交能力。

(四)"讨论与决策"的操作建议

1.饲养对象选择原则

(1)安全性原则

在幼儿园饲养的动物必须是无攻击性的,且其排泄物无毒无害、无传播疾病的可能。凡是园所内饲养的动物,必须符合国家在动物饲养方面的相关政策要求,禁止饲养国家保护动物和外来物种，以确保生态安全。

【案例片段】养坡鹿还是东山羊？

六一儿童节，某班家委会组织了一场参访野生动植物园的活动。参访后，大家开启了对饲养对象的讨论，最后，大家的话题聚焦在"是饲养坡鹿还是东山羊"的问题上。教师强调，选择饲养动物的首要原则，是考虑其安全性和适宜性。坡鹿是国家级保护动物，相关政策要求禁止饲养国家保护动物和外来物种，以确保生态安全，因此，幼儿园不能饲养坡鹿。而东山羊是一种人们普遍饲养的动物，适合在幼儿园中饲养，并且其排泄物不会对人类和其他动物造成危害。因此，选择东山羊作为幼儿园的饲养对象更合适。

（2）适宜性原则

合理、适宜地选择饲养对象，是顺利开展饲养劳动的前提。从保护生态环境的角度来看，要选择适宜在本地环境及气候条件下生长的动物，同时，还要根据季节更替特征选择适宜的饲养时间，如：蚕、蝌蚪、小鸡更适宜选择在春季饲养，蜗牛、龙虾适宜选择在夏季饲养，昆虫类、螃蟹等适宜在秋季饲养。从集体饲养的角度来看，幼儿园内的大多数人没有专业饲养经验，饲养主体又以幼儿为主，因此，宜选择生命力较强、相对容易照顾的动物。有些动物需要精心喂养，或者对生存环境的要求较高，则不适宜幼儿集体饲养。另外，还要选择适宜的饲养场地，若园所内条件不足，要为小动物创设仿真的微生态环境，否则可能会对小动物造成伤害。如长期在潮湿环境中圈养的鸭子，其腿部容易受到疾病的侵袭，导致关节发炎、肌肉无力。

【案例片段】水系里的动物

春季开学后，幼儿园修缮了一条水系，该水系模拟小溪流，特别适合养一些水生小动物。某班幼儿讨论后，决定养锦鲤、泥鳅和田螺。饲养了一段时间后，孩子们发现，水里只剩下了锦鲤和几条泥鳅。教师和幼儿共同调查了解原因，发现该水系底部是用鹅卵石建造的，没有天然的淤泥河床生态，不适宜田螺和泥鳅生长，因此，不适宜将田螺和泥鳅作为饲养对象。

（3）互动性原则

幼儿园开展饲养活动的目的主要在于教育，是通过饲养劳动搭建桥梁，支持幼儿观察、照顾、探究动物，帮助幼儿获得多方面的发展。所以，要选择能与幼儿产生丰富互动的动物，以便幼儿亲身照顾、近距离接触、观察其生活习性，产生值得持续探究的问题，为幼儿的深度学习提供可能。

【案例片段】养小猫还是小鸡

某中班在开展饲养活动时，选择了小猫作为饲养对象。小猫非常可爱，它们毛茸茸的身体和灵敏的动作很容易吸引幼儿的注意力。然而，在实际的饲养过程中，教师发现，小猫喜静，很难与幼儿建立互动关系，幼儿很难接近小猫，更不用说抚摸猫咪和给猫咪喂食了，这就导致饲养活动无法达到预期效果。为了解决这个问题，大家便寻找更具互动性的动物。最终，大家选择了温顺的小鸡。小鸡不仅可爱，而且好动，可以与幼儿进行互动游戏。幼儿可以抚摸、拥抱它们，可以给它们喂食，可以清理它们的笼子。这种互动关系不仅让幼儿感到快乐和满足，也让幼儿更好地了解小动物的生活习性，培养了他们的爱心和责任感。

2. 饲养对象选择建议

（1）小班幼儿饲养对象建议：小班幼儿能力发展水平和生活经验有限，建议选择生活中常见的温顺、易照顾、体型小、外形特征明显、活泼、生长变化较突出的动物，如小兔、小鸡、小鸭、小鱼、鹦鹉等。同时，考虑到小班幼儿以自我为中心的特点，尽量确保每个小班幼儿都有自己饲养的对象。

（2）中班幼儿饲养对象建议：中班幼儿好奇心、探究欲迅速增长，心中对生命有许多的"小问号"，建议选择生长发育阶段特征明显变化，且能在较短时间内观察到其完整生命周期的小动物，如具有变态发育特点的蚕、蝌蚪等；还可以选择鹌鹑、芦丁鸡等繁殖期较短的禽鸟类动物，以及比较好动的小香猪、荷兰猪、仓鼠、龙猫（南美洲栗鼠）等哺乳类动物。同时，中班幼儿有一定的合作意识，可以考虑按合作劳动的小组数来投放相应数量的饲养对象。

（3）大班幼儿饲养对象建议：大班幼儿饲养经验相对丰富，能力水平较高，并且有较强的责任意识，可让他们选择照顾程序相对复杂、生活习性需要细致观察的动物，如蚕、蚂蚁等昆虫类动物，鸽子等飞禽类动物，山羊等哺乳类动物，田螺、泥鳅、乌龟等水生类或两栖类动物。在投放饲养对象时，应充分考虑幼儿思维的参与度，投入不同体形特征的同类动物，例如，饲养鸡的班级，可以同时投放公鸡、母鸡、乌鸡、麻鸡等，丰富幼儿的认知。

二、饲养中，饲养与劳动

（一）"饲养与劳动"的内容要求

饲养劳动是幼儿面向自然的劳动形式，幼儿通过喂食、喂水、制作动物居住的棚舍、清扫动物棚舍和喂食盒、为动物制作饲料等劳动，帮助动物保持健康和卫生，幼儿也能在饲养劳动中了解多种动物的形态与属性，感受动物与植物及人类生活的关系。同时，幼儿进行饲养劳动，是幼儿既动手又动脑、既劳力又劳心的过程，是幼儿实施计划，发现问题，提出方法并验证的过程，是幼儿观察能力、探究能力、思维能力、想象力和创造力发展的过程。

幼儿在饲养劳动过程中，丰富了知识经验，掌握了简单的劳动技能，体验到了劳动的付出和收获的乐趣，产生了对他人劳动的尊重，还激发了对科学探究的兴趣，涵养了珍爱生命、热爱大自然的情感。我园根据饲养劳动主体的年龄特点，梳理形成了不同年龄班饲养劳动的内容与要求。

1. 小班饲养劳动的内容与要求

小班饲养劳动的内容与要求

劳动内容		劳动要求
劳心	观察	1. 观察动物的颜色、形态等典型外显样态和行为特征； 2. 观察、模仿成人饲养动物的行为、方法和程序。
	探索	1. 对饲养对象及相关现象产生好奇心，愿意运用多感官探索所饲养动物的典型特征和行为； 2. 观察饲养劳动过程中的各种事物，获取粗浅的相关经验，关注劳动动作所产生的结果，发展劳动感知能力。
劳力	喂养	1. 关注食物的采摘、清洗和饲料的简单准备与制作，初步感知植物与动物生长之间的关系； 2. 习得实际喂养行为规范，如正确地给动物喂水、喂食等。
	照顾	1. 与成人一起完成对小动物的清洁与卫生管理工作，完成饲养环境整理任务； 2. 能在成人的引导下使用工具完成照顾小动物的各类劳动； 3. 能发挥同理心，陪伴小动物一起散步、游戏等。

（1）观察

对小班幼儿而言，饲养劳动中的观察是一种重要的学习方式。小班幼儿处于直觉形象思维阶段，他们更倾向于关注动物的典型外显形态和行为特征。

一方面，观察不仅能够帮助幼儿认识动物的大小、颜色、形状等外在特征，使幼儿更好地识别和区分不同的动物，而且能帮助幼儿了解动物的生活习性和行为特点；另一方面，小班幼儿通常表现出模仿他人行为的倾向，幼儿通过观察和模仿成人饲养动物的行为和方法，他们可以逐步掌握相关的饲养知识和技能。

例如，小班幼儿在开展小兔子饲养活动之初，小朋友们就被小兔子可爱乖萌的形象深深吸引，在日常观察中，幼儿不仅发现两只小兔子的外形特征与平时从一些图片上看到的有所不同，还发现它们走路的姿势跟自己原先所认为的不一样。

【案例片段】垂耳兔与侏儒兔

我们班的两位"插班生"分别是一只土黄色的侏儒兔和一只灰色的垂耳兔。孩子们说："侏儒兔小小的、黄黄的，像一个土豆，我们就叫它'土豆'吧。""垂耳兔耳朵耷拉着，身体肥肥的、毛茸茸的，我们就叫它'绵绵'。"这两只兔子的外形与孩子们平时见到的兔子不一样，这就更能够让幼儿感受到生物的多样性，增加了幼儿在饲养活动中观察、发现和参与的机会，丰富了幼儿的饲养经验。而且，这两只小兔子刚刚断奶，更能让幼儿真切感受到相对完整的生命变化与成长。

幼儿在照顾小动物的过程中，会逐渐对小动物的外形特征、行为习惯产生兴趣。为幼儿提供更丰富的观察机会，以提高幼儿的观察能力，是我经过思考后给予幼儿的具体支持。幼儿就在自然而然的饲养与照料活动中，了解小动物的生活习性，对小动物的爱意也日益增加。

——节选自小班饲养劳动故事《小兔乖乖》

教师：翁茜茜

幼儿观察垂耳兔与侏儒兔

【案例片段】带小兔子散步

当幼儿第一次亲自照顾小兔子时，他们惊讶地发现："老师，怎么小兔子走路不是蹦蹦跳跳的呀？"我觉得这是一个教育契机，于是顺势提出带小兔子外出散步。孩子们欢呼道："太好啦！我们要和小兔子一起出去散步啦！"面对幼儿的疑问，作为老师的我，首先想到的就是如何支持幼儿自主观察兔子走路、跑步的姿态，让幼儿自己找到答案。幼儿日常生活中的散步环节，自然就是最好的、最适宜的观察小兔子动作的机会。

翰峰："老师，我看到小兔子跳了！它先跳了两下，然后它就跑了。"

夏陌："它们蹦蹦跳跳几下，就停下来，嘴巴还不停地动着。"

阿玉："小兔子走累了就停下来休息一会儿。"

幼儿带小兔子外出散步

还有的孩子说:"我们带它们运动一下,它们的身体会变强壮哦!这样就不容易生病啦!"

——节选自小班饲养劳动故事《小兔乖乖》

教师:翁茜茜

(2)探索

小班年龄段的幼儿对周围的事物充满好奇心,特别是对所饲养的动物及相关现象、问题,都会产生强烈的探索欲望。幼儿可以通过观察、触摸、闻味等方式来开展探究,了解所饲养动物及其相关事物的习性和特征。教师应提供适当的物质和策略支持,引导幼儿通过多感官来感知和探索,鼓励幼儿提出问题,并引导他们进行调查或实验,帮助幼儿分析和解释结果,最终得出结论。在亲身体验的探究过程中,幼儿可以更好地理解动物的生活习性,也可以发展自己的认知能力和探究精神。

另外,小班幼儿对饲养劳动的过程也充满好奇,他们愿意学习如何照顾动物、如何进行劳动。在这个过程中,幼儿可以观察、了解饲养劳动的过程及步骤,获取一些粗浅的经验,如了解如何准备饲料、如何清洁动物的生活环境等。同时,在探究过程中,幼儿也关注劳动动作所产生的结果,如劳动动作对动物的生活环境和健康的影响等。通过这些观察、体验和探究,幼儿可以逐渐发展自己的劳动感知能力,了解劳动的意义和价值。

例如,在"蚕宝宝的食物"小班饲养主题活动中,幼儿对蚕的饮食习惯进行了一系列探索。有一天,幼儿发现蚕不吃桑叶,教师便支持幼儿利用网络查询原因,并请家长带幼儿亲手采摘桑叶,鼓励幼儿对采集到的桑叶进行探索。幼儿发现小小的桑叶里竟然藏着大大的学问,有老的、嫩的、大的、小的,蚕儿对其的喜好各不相同。蚕宝宝食用了采摘来的桑叶后,出现了死亡,教师支持幼儿继续探寻原因,最终得出蚕对生活环境的卫生要求比较高、吃的桑叶不能有一点儿农药残留的结论。持续的探究活动不仅培养了幼儿的科学探究精神,还让幼儿体验到,积极的劳动可以保证蚕宝宝的饮食健康。

【案例片段】蚕宝宝吃什么

孩子们在餐后散步时,自发捡了很多树叶,说是要给蚕宝宝喂食。他们把这些树叶喂给蚕宝宝,却发现蚕宝宝并不吃。这是怎么回事呢?在芙晴的建议下,我们一起在手机上查询了为什么蚕宝宝不吃树叶。原来,蚕宝宝最早是在桑树上生活、繁殖的,逐渐形成了吃桑叶的习性。而且桑叶里有很多蛋白质,这种营养能够帮助蚕宝宝吐出好的丝,所以蚕宝宝最喜欢吃的食物就是桑叶。

孩子们又跟老师一起查阅资料,认识了桑树和桑叶。周末,小朋友们便跟家人去摘桑叶。周一早上,孩子们把各自采摘的桑叶带来幼儿园。哲哲发现:"嫩桑叶

幼儿探究"蚕宝宝为什么不吃树叶"

是浅绿色的,老桑叶的颜色深一点,颜色越深的,蚕宝宝越不喜欢吃。"而且,桑叶不光有椭圆形的,还有五角形的、三角形的。孩子们经过一系列探究,学会了用比一比、摸一摸、闻一闻等多感官并用的方式挑选嫩桑叶。孩子们还发现,不同形状的叶子,虽然气味、颜色、叶脉纹路都是相似的,但是蚕宝宝更爱吃五角形的桑叶。他们把桑叶放在收集箱里,帮助蚕宝宝替换了新鲜桑叶。孩子们看着自己的劳动成果,开心极了,他们一有空就来看蚕宝宝,期盼着自己的蚕宝宝快快长大。

第二天,孩子们发现有几只蚕宝宝吃了采摘来的桑叶后,身体发黄发黑,躺在桑叶上一动不动。

禹淙:"蚕宝宝是碰到水了吗?我妈妈说蚕宝宝碰到水就会死掉。"

嘉懿:"蚕宝宝是吃了有毒的桑叶才死的吗?"

幼儿对比桑叶　　　　　　　　幼儿采集桑叶

沅芷:"我妈妈也说过,青菜上面有农药,要洗干净才行。"

小浣:"那我们要检查一下剩下来的桑叶上面有没有农药,要是有的话,就要把农药洗掉,才能喂蚕宝宝了。"

孩子们决定,将桑叶收集箱里不同小朋友带来的桑叶各拿出来一片,去找幼儿园厨房的小春阿姨。小春阿姨了解情况后,马上帮助小朋友们检测桑叶。过了一会儿,小春阿姨告诉孩子们,他们送来检测的桑叶中,有三片桑叶含有农药,只有一片是干净无毒的桑叶。这个结果说明,蚕宝宝很有可能死于吃了带有农药的桑叶。孩子们听到这个结果,难过极了。他们意识到蚕宝宝生命的脆弱。

我看到孩子们为蚕宝宝的食物而担心、着急,便从大班借来一本介绍如何清洗蔬菜、去除农药残留的科普图书,跟孩子们一起寻找答案。通过翻看图书,我们了解到,用盐水浸泡就可以清除蔬菜上残留的农药。于是,一场"桑叶大清洗运动"开始了。

幼儿挑选不同的桑叶

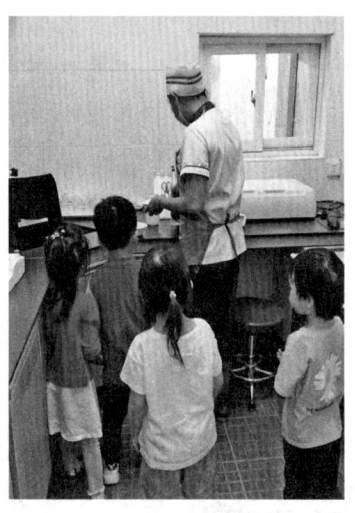
幼儿请食品检测师检测桑叶

——节选自小班饲养劳动故事《蚕宝宝的食物》

教师:邱瑶、李清岚

(3)喂养

首先,考虑到小班幼儿各方面的发展水平和动手能力,小班饲养劳动中的"喂养"工作可以主要是食物的采摘、清洗和饲料的简单准备。这些活动不仅有助于幼儿认识各种动物的食物来源,也能让他们了解食物的制作过程,培养他们的劳动意识和动手能力。

其次,引导小班幼儿在实际喂养行为中习得一些规范也非常重要。例如,他们需要学习如何正确地给动物喂水、喂食。在这个过程中,教师应注意引导幼儿遵循正确的喂养步骤,避免因不恰当的喂养行为而对动物造成伤害。这不仅涉及动物的基本照料事项,也对幼儿动作协调性的提升和责任感的培养具有积极意义。通过这些活动,可以增强幼儿的责任感,提高幼儿的动手能力,也有助于培养他们的观察力和持久专注力。

例如,在"蚕宝宝的食物"小班饲养主题活动中,幼儿为了给蚕宝宝喂食,跟爸爸妈妈去种植基地采摘桑叶;对农药残留超标的桑叶,在教师的协助下,能够根据清洗流程图,开展浸泡、清洗、擦干等简单的食物准备工作。在"小兔乖乖"饲养活动中,教师与幼儿共同调查了解兔子的饮食习惯和喜好,并用图示的方法规范了小兔子的喂养流程。

【案例片段】洗桑叶

芙晞:"那么多桑叶,都有农药(残留)吗?那我们把它们丢掉吧。"

雅晴:"那太浪费了,丢掉了我们就没有桑叶了。"

积磊:"把这些桑叶洗干净就可以了,每一片桑叶的每个地方都要搓一搓。"

孩子们跟我一起查阅相关书籍后,了解到用盐水浸泡可去除桑叶上残留的农药,于是大家决定一起动手清洗剩下的桑叶。

孩子们每天都会用盐水泡一泡、洗一洗桑叶,并把桑叶晾干。他们没有觉得麻烦和辛苦,因为他们对蚕宝宝生命健康更加重视,对蚕宝宝的责任感增强了,他们的劳动目的是避免蚕宝宝再因为吃了不干净的桑叶而死亡。他们还用简单的符号、图形对清洗桑叶的步骤进行了记录。

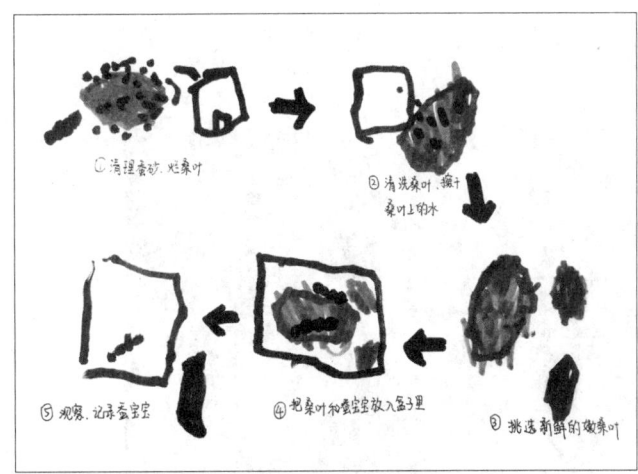

幼儿记录桑叶清洗步骤

幼儿洗擦桑叶

——节选自小班饲养劳动故事《蚕宝宝的食物》

教师:邱瑶、李清岚

（4）照顾

小班幼儿的年龄特点决定了他们在饲养劳动中的劳动内容与要求。

首先，小班幼儿在成人的协助与指导下学习使用简单的劳动工具，如扫帚、铲子、水壶等。同时，他们需要掌握基本的清洁方法，如清洁动物笼子、清理动物排泄物等。这一阶段的目标是帮助他们掌握基本的劳动技能和工具使用技巧，为将来他们独立照顾小动物打下基础。清洁工作实践也让小班幼儿理解动物的生活环境也需要得到妥善保护，这不仅是为了保持环境卫生，更是为了培养他们的卫生习惯和责任感。

其次，小班幼儿能够发挥同理心，陪伴小动物一起散步、游戏等。这让他们更好地理解动物的行为和需求，也帮助他们建立与动物之间的感情。这种互动有助于培养他们的同情心和责任感，让他们在陪伴动物的过程中学会尊重和爱护生命。例如，面对打扫兔子粪便的问题，教师提供了多把扫帚和铲子供幼儿练习使用，并与幼儿一起，每天坚持完成清扫工作，依照"打扫—清洗—倒垃圾"的步骤来清洁兔子的家。此外，幼儿自己游戏时，能够发挥同理心，陪伴小兔子一起游戏，在照顾小兔子的活动中感受付出劳动的快乐、助人的愉快。这些劳动内容大大增强了小班幼儿的自信心和同理心。

【案例片段】陪小兔一起玩游戏

泽程："土豆，快来试一试我给你搭的别墅。"

泓希："我给绵绵做了好吃的饭菜，我端给它。"

艺山："我要给它们的别墅装饰一些漂亮的花。"

利霖："小兔子，快看我跳舞，快来看呀！"

幼儿和小兔一起玩游戏

小兔子一天天长大，更加活泼好动了，孩子们便"邀请"小兔子加入他们最喜欢的自主游戏中。游戏时，孩子们经常为小兔"搭房子"，为小兔准备"饭菜"、表演节目……小兔子的存在使幼儿的游戏丰富了内容、增添了乐趣，也让幼儿感受到，高质量的陪伴不仅要"劳力"，更需"劳心"，孩子们对小兔子的爱也更加深厚了。共同游戏、相互陪伴成长所带来的快乐，是无可比拟的。

——节选自小班饲养劳动故事《小兔乖乖》

教师：翁茜茜

2. 中班饲养劳动的内容与要求

中班饲养劳动的内容与要求

劳动内容		劳动要求
劳心	观察	1. 观察动物的生活习性，如动物喜欢的环境和处所、饮食喜好、行动特点等； 2. 能对动物的生长周期开展观察，能进行两种动物的对比观察。
	探索	1. 关注饲养劳动过程中的问题和结果，发展探究能力； 2. 在观察和探索的基础上，尝试进行简单的分类与概括、推理和分析，发现事物之间明显的关联。
劳力	喂养	重点关注自喂养以来动物的生长变化，如测量、对比动物在饲养前后的身长、体重等。
	照顾	1. 能够独立使用劳动工具开展各种劳动； 2. 能与同伴合作完成有挑战性的照顾动物的任务； 3. 周末能轮流照顾小动物。

（1）观察

在中班的饲养劳动中，观察的内容更加深入和丰富。幼儿可以观察动物从幼年到成年的生长过程和生活习性，包括它们喜欢的环境和处所、饮食喜好、行动特点、成长变化等。观察形式上，可开展几种动物的生长周期观察或对比观察。

在对动物生长周期的观察中，幼儿可以了解动物生长变化的阶段性特点及其生活习性，还可以了解处于不同生长阶段的动物需要不同的照顾方式和生活条件，从而更好地照顾和保护它们。在两种动物的对比观察中，幼儿可以观察两种不同的动物，比较它们的外形、行为和生活习性等方面的差异和相似之处。这些观察活动能激发幼儿对动物和生命的好奇心和探索欲望，可以帮助幼儿更好地认识动物，提高他们的观察能力和比较思维能力，还能培养他们的责任感和保护动物的意识，为他们未来的学习和成长奠定良好的基础。

例如，在同时饲养小鸡与鹌鹑的饲养劳动主题活动中，中班幼儿通过对两种萌宠从幼年到成年的长期对比观察，发现了小鸡和鹌鹑的生活习性及生长变化的异同。

【案例片段】对小鸡和鹌鹑的对比观察

（1）小鸡和鹌鹑不一样

幼儿在日常饲养劳动中，对比观察小鸡、鹌鹑的外形和行为，发现了小鸡和鹌鹑的不同行为特点与不同的体态变化——鹌鹑体型较小，小鸡体型较大；小鸡和鹌鹑的羽毛颜色不同；鹌鹑比较胆小，小鸡比较活泼等。这些发现激发了幼儿进一步探究的欲望，他们把自己在幼儿园观察到的现象分享给爸爸妈妈，并在爸爸妈妈的帮助下继续查阅资料、收集相关信息。幼儿通过较长期的观察和比较，对小鸡和鹌鹑的认识加深了，丰富了自己的感性认识，观察能力和思维能力也得到了很好的发展，为养好小鸡和鹌鹑打下基础。

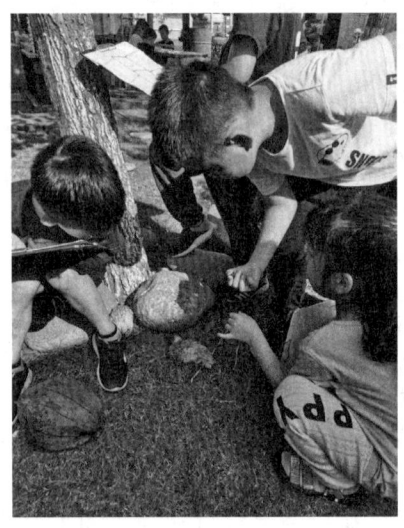

幼儿观察小鹌鹑

（2）小鸡和鹌鹑爱吃啥

幼儿对小鸡和鹌鹑的饮食喜好也进行了猜测和验证。通过自然观察、实验观察

幼儿观察小鸡、鹌鹑吃东西　　　　幼儿给小鸡、鹌鹑准备食物

等方法，幼儿了解到，小鸡和鹌鹑这两种动物都属于禽类，喂养方式相似，因此它们的食性相似。孩子们能够根据前期调查大胆分享小鸡和鹌鹑的饮食喜好。在小组合作实地探究、观察记录、集体分享等探究过程中，孩子们不仅能够主动承担照顾小鸡和鹌鹑的任务，并能按时按量喂养它们。

（3）小鸡和鹌鹑谁飞得高

为了让幼儿更好地观察小鸡和鹌鹑，我充分利用户外空间支持幼儿进一步观察和比较。幼儿发现了鹌鹑会飞的特征，并能根据这个观察结果大胆猜测："小鸡是否和鹌鹑一样，会飞？"果然，幼儿发现小鸡确实也会飞。幼儿又在持续的观察、比较中，发现小鸡和鹌鹑飞的高度是不同的，鹌鹑飞得比小鸡高。

幼儿探究小鸡和鹌鹑的"飞"

——节选自中班饲养劳动故事《萌宠小分队》

教师：符小雯、罗丽绚、严芸

（2）探索

中班幼儿已经开始具备初步的逻辑思维和问题解决能力，他们开始关注事物之间的联系和因果关系，同时，他们对饲养过程中发生的现象、出现的问题也会产生更强烈的好奇心和探索欲望。

教师要引导中班幼儿有意识地关注饲养劳动过程中发现的问题，发展幼儿的探究能力。中班幼儿可以根据观察到的动物特征和行为，对问题或现象进行分类概括，并根据观察结果进行分析和验证，从而发现事物之间明显的关联。经过这样的探究过程，幼儿可以更好地理解动物的特征和行为，也可以发展自己的逻辑思维和探究能力。

例如，在"鸽子护卫队"饲养劳动主题活动中，中班幼儿第一次搭窝护蛋行动失败了，他们尝试分析并力图解决问题。幼儿对蛋碎的原因进行了分类讨论和猜测，最终，大家的目光聚焦在鸽子窝的搭建问题上，重新搭建了鸽子窝，成功保护了鸽子蛋。幼儿在"发现问题－分析问题－解决问题"的过程中，发展了探究能力和解决问题的能力。

【案例片段】保护鸽子蛋

自从"鸽子的家"打造成功后，孩子们细心观察鸽子是否喜欢它们的新窝。过了几天，孩子们发现鸽子不在新搭的窝里居住，而且还把蛋生到窝的外面，导致鸽蛋破裂了。看到破碎的鸽蛋，溪溪难过地说："鸽子为什么不在我们给它们做的窝里生蛋呢？"于是，孩子们开始新一轮的讨论。

思琦："是不是我们放的毛球太多了，鸽子不喜欢？"

钰惜："是我们的纸箱被雨淋湿了，鸽子不喜欢湿湿的纸箱。"

桐程："鸽子喜欢在没有人的地方和暗一点的环境下生蛋和孵蛋，我们的纸箱是打开的，太亮了，鸽子不喜欢的。"

一苶："因为鸽子窝不够住，6只鸽子只有3个窝，所以在生蛋的时候没有地方，鸽子就随地生，铁笼是硬的，（蛋）生下来就会破。"

钰惜："我们重新找材料，用塑料筐、稻草等给鸽子搭房子吧。"

 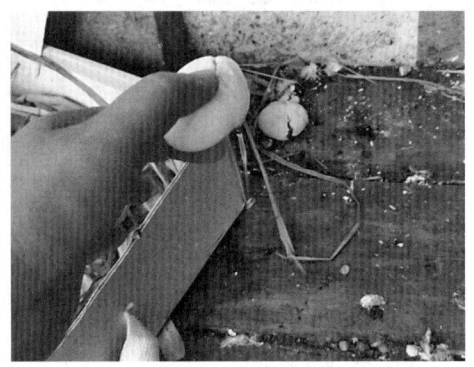

幼儿发现破碎的鸽子蛋

看到沮丧的孩子们，我及时鼓励他们大胆寻找新材料进行尝试。孩子们找来了黑色的塑料筐和稻草，进行鸽子窝的二次改造。他们尝试将塑料筐垒高，争取把多个塑料筐垒起来，保证每只鸽子都能居住到塑料筐里。他们相互合作，最后成功地把塑料筐变成了一个个温馨的鸽子窝。

为了防止鸽子蛋宝宝再破碎，孩子们在第一层放上6个塑料筐，在第二层放上稻草，还用两个塑料筐挡着稻草。如果鸽子不喜欢塑料筐，在稻草上生蛋，蛋也不会掉下来。

一天中午，孩子们像往常一样去照顾鸽子，突然，小文跑过来告诉我："老师，鸽子在我们搭好的塑料筐里生蛋了！第三层的鸽子自己叼稻草搭窝，并且也生蛋了。"孩子们一起搬来梯子，想看看住在第三层的鸽子的情况，大家发现了新的

鸽子窝改造成功

鸽子在二次改造的鸽窝里生蛋　　　　鸽子利用稻草在"楼顶"生蛋

奇迹——第二层的鸽子也在稻草上生蛋、孵蛋。孩子们兴奋地说:"我们的护蛋行动成功了!鸽子生的蛋都没有破!"

——节选自中班饲养劳动故事《护蛋大行动》

教师:符小雯

(3)喂养

在喂养动物方面,中班幼儿更加关注喂养行为与动物生长变化之间的关系,主要表现为幼儿对动物的身长、体重等进行测量,对喂养前后的结果进行对比。

首先,幼儿对动物的生长变化情况更加关注。中班幼儿通过观察和记录动物在不同阶段的身长和体重等数据,感知动物的生长速度和身体变化,了解动物的生长规律。这有助于幼儿理解生命的持续性发展,培养其对生命的敬畏之心。

其次,通过对比喂养前后动物的身长、体重等数据,幼儿可以了解食物对动物生长发育的影响,并根据动物的健康状况调整喂养方式。这不仅能让幼儿认识到积极喂养对动物成长的重要性,还可以帮助他们建立较好的科学喂养规则。同时,通过参与饲养劳动,幼儿也能学会关爱生命,培养责任感和同情心。

例如,在饲养小鹅的初期,小鹅长得很快,这个现象引起了幼儿的注意。通过测量小鹅的身高、体重,并对比饲养前后的相关数据,大家发现,小鹅确实生长得过快了。通过查阅资料,大家了解到,应该在小鹅的饲料中增加粗粮和蔬菜,以助其消化。师幼共同反思并调整了小鹅的喂养方式。

【案例片段】小鹅怎么喂

在与小鹅相处的过程中,孩子们感觉小鹅好像变了。他们通过仔细观察,发现小鹅食量变大了,体型也变大了;羽毛变长了,颜色也由黄色变成了白色。孩子们共同寻找测量工具,利用不同的工具测量每只小鹅的身高和体重。对比数据后,大家发现,所有的小鹅都比刚买来的时候重了,身体也确实长大了许多,最重的鹅已经快有一斤了。孩子们又查阅了相关资料,了解到,这个阶段的小鹅,如果只给它们吃饲料,已经不能满足其身体生长的需求了。于是,孩子们调整了饲养计划和喂养方式,给小鹅的食物,除了饲料之外,还增加了粗粮及蔬菜,以帮助小鹅消化。

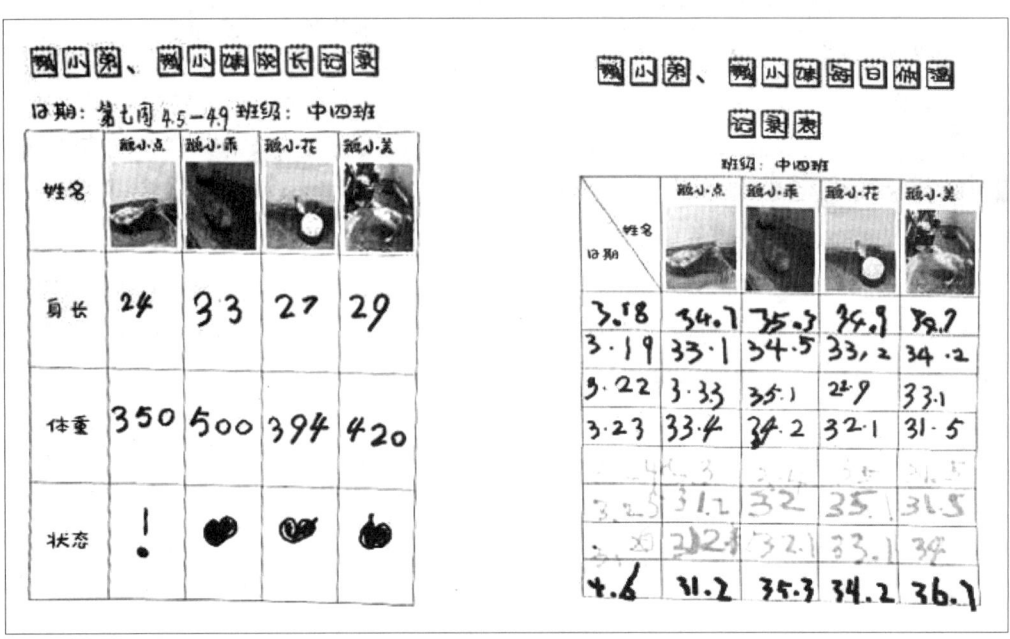

小鹅饲养记录表

——节选自中班饲养劳动故事《鹅小弟,鹅小妹》

教师:文小嫚

(4)照顾

中班幼儿需要在饲养劳动中获得更强的饲养与照顾动物的能力。首先,他们需要能够独立使用劳动工具,如扫帚、拖把、水壶等;其次,幼儿要能与同伴合作完成有挑战性的动物棚舍清洁任务,这有利于初步培养幼儿劳动分工与合作的意识,培养幼儿的团队合作能力和饲养劳动责任感;最后,中班幼儿需要在周末轮流照顾小动物,让幼儿有机会学会独立照顾小动物,更好地理解动物的日常生活和需求,从而为将来更复杂的动物照顾工作做好准备。

例如,在饲养小兔子的主题活动中,教师创设了"兔兔小餐吧",让幼儿亲自动手切分兔子的食物,让值日生每天分工合作打扫兔笼,整理饲养环境。幼儿每天在亲手准备兔子饲料、打扫兔笼环境的过程中有充足的机会练习使用劳动工具,工具使用能力和饲养劳动能力日渐提高。

【案例片段】照顾小兔的"吃"和"拉"

小朋友带来的蔬菜太大了,需要切分后才能投喂给小兔子,于是,我们创设了适宜中班幼儿的生活操作区"兔兔小餐吧",并投放了相应的生活活动材料与工具。现在,生活区摆放着制作小兔子食物的各类工具,值日生根据"每日食谱"给小兔子准备食物;我们还给孩子们准备了"削、切、分、摆"操作示意图,引导幼儿进行操作和收拾整理。孩子们每天在这里亲手为小兔子准备食物,感受劳动的喜悦,内心充满成就感。

幼儿在"兔兔小餐吧"给兔子准备食物

为了支持孩子们进一步照顾小兔，我们还投放了更多的适合制作兔子饲料的食材，以及加工工具类、观察记录类材料。在"小兔的家"附近，我们重点投放了清洁类工具材料，如儿童扫把、撮箕、拖把、抹布、小口罩、小手套等，支持幼儿清理兔砂、清洁兔窝。每天放学前，值日生与同伴共同清洁兔笼里的排泄物，并换上干净的兔砂。这个过程培养了孩子们的责任意识，提高了他们的劳动能力。

幼儿清扫兔子的家

——节选自中班饲养劳动故事《兔兔来了》

教师：饶朝霞

3. 大班饲养劳动的内容与要求

大班饲养劳动的内容与要求

劳动内容		劳动要求
劳心	观察	在饲养劳动中进行细致和持续深入的观察，了解动物的某一生活习性或行为问题，并分析其与周围环境、人类生活之间的关系。
	探索	1. 对饲养劳动有广泛的兴趣，能主动发现问题、提出问题，并寻求答案； 2. 学习运用观察记录、调查访问、操作实验等多种方法探究饲养劳动中的问题； 3. 了解并探索饲养劳动与自己生活、与周围环境的关系。
劳力	喂养	1. 关注种植与饲养之间的关系，形成饲养劳动的生态意识； 2. 拓展饲养劳动的范畴，参与"种植→采摘→清洗→制作→喂食→沤肥→再种植"的完整过程，感受动物与植物之间和谐的生态关系。
	照顾	1. 关注所饲养动物的真实习性与需求，综合运用劳动工具和材料去调整、打造动物棚舍； 2. 形成认真负责的劳动态度。

（1）观察

首先，大班幼儿应在饲养劳动中重点发展细致、持续深入观察的能力，应能在一段时间内对动物的某一生活习性或行为问题进行持续的观察和记录。这种观察可以帮助幼儿发现动物某一行为的变化和规律，进而分析它们与周围环境和人类生活的关系。这种观察有助于幼儿更准确、深入地了解动物的生活习性或生理特点,为后续的饲养和照顾活动提供有力的依据。

其次,在分析动物与周围环境和人类生活的关系方面,幼儿可以通过观察和分析动物的某一行为和习性,了解它们对环境的适应能力或与人类的关系。在实践中,教师可以为幼儿提供一些饲养动物的工具和材料,并引导幼儿通过饲养日记、观察记录等记录和整理他们的观察结果,从而更好地理解和掌握动物的生活习性和行为特征。

例如,幼儿在饲养刺猬时细致观察,发现刺猬不会把便便拉到"厕所",给大家带来了"麻烦",这引发了幼儿持续的观察和探索行为。他们梳理出三种引导刺猬正确如厕的办法:洒香水、把食物放进厕所、在通往厕所的路上撒食物。每个方法,都是在前一个方法失败后,再经过持续观察和讨论而得出的,以帮助小刺猬适应住所环境。幼儿在劳动过程中与同伴、教师、动物、材料和环境产生互动,理解各要素之间的关系,在每种关系中,都蕴含着幼儿深度学习的可能。

【案例片段】麻烦的刺猬便便

在多日的打扫劳动中,孩子们发现了一个现象——小刺猬不会把便便拉到便盆里,而是把便便拉到便盆外面的其他地方,招来了很多蚊子。这个问题引发了孩子们的关注和讨论。看到孩子们有尝试帮助小刺猬建立定点如厕习惯的意愿,我便抛出问题,请小朋友们围绕"怎样让刺猬主动到它的厕所拉便便"这个话题进行讨论。

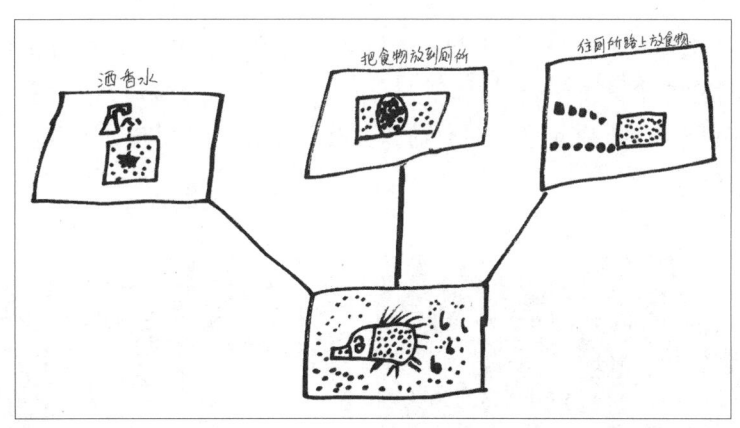

幼儿想办法解决引导刺猬定点如厕的问题

(1)香香的厕所

孩子们迫不及待地展开探索行动。

桐桐从家里带来一瓶香水,往尿沙里洒了几滴。这一天,孩子们都非常期待,想看看刺猬会不会都到便盆里拉便便。可是刺猬是夜行动物,白天,它们大多数时候都缩成一个刺球在睡觉。

第二天早上,孩子们发现刺猬的房子里又有了好多便便,并且便便都粘在木屑上了,秋千上也有,屋顶上也有。

几天过去了,孩子们发现虽然给刺猬的便盆喷了香水,可小刺猬依然不会去厕所里拉便便。

萱琳又提议洒一点花露水到便盆里,试试可不可行。孩子们取来日常使用的花露水,滴了几滴在小刺猬的厕所里。大家又持续观察了几天,发现小刺猬拉在木屑上的便便还是很多。

幼儿观察刺猬如厕的情况

幼儿记录观察到的现象

(2)把食物放到厕所

厚霖:"花露水也没有吸引它们到厕所拉便便。"

伟祎:"那我们试试第二个方法,把食物放到厕所里试一下。"

这一天,午饭过后,孩子们把刺猬的家打扫干净,把食物放到了干净的厕所里,静静等待奇迹的发生……

第二天早上,孩子们发现小刺猬的家里还是遍地都是便便,甚至盛放食物的碗里也有了便便。

幼儿发现刺猬的食物里有便便

幼儿清洗和更换刺猬的食物

这个结果让孩子们很是意外,孩子们开始担心小刺猬的饮食卫生问题,生怕它们把自己的便便和食物一起吃下去了,所以马上协商并决定停止尝试第二种方法。

(3)在通往厕所的路上放食物

前两种方法都宣告失败了,孩子们又想到,可以把刺猬的食物放到通往厕所的路上,这样小刺猬不会把便便和食物一起吃下去,还可以解决第二种方法带来的卫生问题。孩子们打扫完刺猬的房子,便将粮食撒在了通往厕所的路上,并小声地告诫小刺猬:"小刺猬,你们不要再往碗里拉便便了哦!"

第二天,孩子们来园时发现:不得了!通往厕所路上的粮食都被吃光了,而刺猬房间里的便便更多了,还招来了好多蚊子!

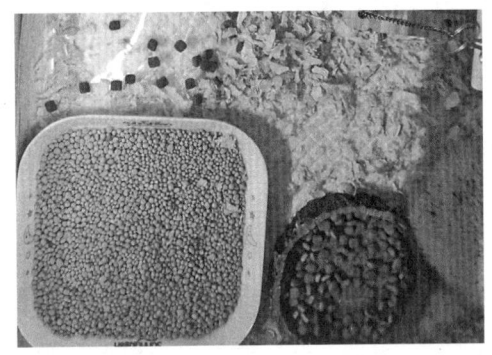

幼儿在通往刺猬便盆的路上放食物

幼儿观察刺猬如厕情况并记录

(4)洒香珠浴沙

正当大家束手无策的时候,伟祎说话了:"我们可以往刺猬的厕所里放一些香珠,香珠是给它们洗澡用的,再放一些细细的浴沙。我家的小仓鼠就是这样洗澡的。"孩子们半信半疑,因为班上只有伟祎一个人养过仓鼠,大家都没有这方面的经验。因为前面几种办法都不行,大家都表示愿意尝试这种方法。

午饭过后,孩子们对刺猬进行日常的照顾喂养,然后,往刺猬厕所里撒了带有香珠的浴沙,顿时,香气扑鼻而来。

幼儿继续观察刺猬如厕情况并记录

幼儿日常饲养刺猬的劳动

第二天,孩子们观察发现小刺猬拉在厕所外面的便便果真变少了。小万还数了数,说:"外面只有三坨便便。"这个办法真的有效!之后,孩子们日常打扫刺猬的房子后,都不忘了在刺猬厕所里添上香珠浴沙。

——节选自大班饲养劳动故事《小刺猬如厕记》

教师:翁澜绯

(2)探索

随着年龄的增长,大班幼儿已经具备了更为完善的认知能力,动作技能的水平也更高了,他们对饲养劳动产生了更广泛的兴趣,能够主动发现问题、提出问题,并寻求答案。大班幼儿可以通过观察、调查、实验和分享等多种方法来开展探究活动,这些方法不仅可以帮助幼儿更好地理解动物的特征和行为,解决饲养劳动中的一些问题,还可以培养他们的科学探究能力和问题解决能力。

观察和记录。幼儿通过观察来辨识动物的行为与生理特征,并使用简单的记录工具来记录这些信息。例如,幼儿可以观察并记录动物每天的饮食行为、动物在不同环境下的行为表现等。

调查和访问。幼儿可以通过调查和访问来获取更多饲养信息和知识,如采访饲养员或专业人士,了解他们如何照顾和训练动物;利用问卷开展简单的调查,了解其他幼儿对饲养活动的看法和经验等。

操作实验。幼儿可以通过操作与实验来验证自己的假设或解决问题。例如,幼儿可以尝试调整动物的食物结构,观察其对动物健康和行为的影响。通过这样的过程,幼儿可以学习如何设计简单的实验,如何收集、分析数据,并得出结论。

讨论和分享。幼儿可以通过讨论、分享来交流他们的观察和实验结果,以及他们的想法和问题。这可以帮助幼儿更好地理解他人的观点,并从不同的角度思考饲养劳动中遇到的问题。

【案例片段】鱼妈妈的"产房"

为了避免新生的鱼宝宝被鱼妈妈吃掉,孩子们结合自身已有的经验和观察发现,再次展开讨论。

欧阳:"鱼妈妈生鱼宝宝的时候,我们怎样做,才能让鱼宝宝不被吃掉呢?"

西西:"我们把鱼妈妈和小鱼宝宝分开吧!"

简简:"对啊。我妈妈生弟弟的时候,是在医院的产房,而弟弟在婴儿房。那我们也给鱼妈妈弄一个能把鱼妈妈和鱼宝宝分开的产房吧!"

子夏:"我以前看过一个视频,鱼妈妈生宝宝时,它需要一个小漏盒,大鱼生下小鱼后,小鱼很小,就可以从漏盒漏下去,大鱼很大,就还待在漏盒上,这样就把鱼妈妈和小鱼分开了。"

西西:"这个漏盒产房真好!这样鱼妈妈就不会认为自己的鱼宝宝是食物,然后把鱼宝宝吃了。"

简简:"那我们快来给鱼妈妈做产房吧!这样既可以照顾鱼妈妈,又可以保护鱼宝宝。"

我:"你们的想法真棒!那我们一起讨论、设计产房的样子,然后再寻找材料制作吧!"

很快,孩子们根据设计图,在工具柜找到了蚊帐、渔网、筛子等材料。小阁先剪下一块跟鱼缸的长、宽一致的蚊帐,然后将蚊帐放进鱼缸。但因为蚊帐太软了,孩子们把鱼妈妈放上去后不一会儿,鱼妈妈就被蚊帐紧紧地包裹起来,难以动弹。接着,夏夏说放渔网试试。孩子们又剪下一块渔网放进鱼缸。可乐说道:"你们看,渔网的洞太大了,大鱼、小鱼都一起漏下去了,保护不了小鱼。"欧阳又从户外沙池拿来一个筛子,可筛子太大了,都放不进鱼缸里。孩子们尝试了三种现成的材料,但这些材料都没办法实现预期的"产房"的作用。

这时,鼎茗提出:"益智区有个长方体模型,那个比较小,可以放到鱼缸里,我们再在它底部加一个洞洞格片就行。"孩子们纷纷又来到材料柜,寻找长方体模型和适合的洞洞格片。不一会儿,欧阳拿着塑料网格片、长方体模型、胶枪、剪刀、吸盘等材料走了过来,他说:"我们可以用这个塑料网格。先把它剪小就行了,再用胶枪(把它)粘在长方形模型上。"欧阳的主意得到了其他孩子的认可。他们先将塑料网格片剪成与长方体模型盒底大小相同的形状,然后戴好手套,把胶枪烧热,将网格片和长方体模型粘在一起,最后用吸盘把这个装置粘在鱼缸里。经过试验,大家发现,这个自制的"产房"不仅能够让鱼妈妈快乐地游泳,而且满足了只有小鱼宝宝往下漏的需求。

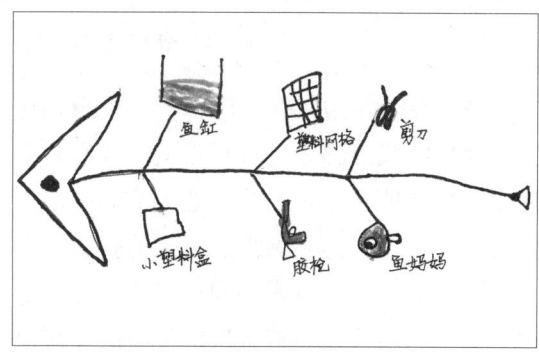

鱼儿"产房"所需材料

幼儿设计的"产房"

孩子们刚刚把鱼妈妈放进"产房",可转眼间,鱼妈妈就不见了。鱼妈妈去哪里了呢?大家一番寻找,终于在柜子下面找到了奄奄一息的鱼妈妈。原来,鱼妈妈自己跳出了鱼缸。这一事件又引发了孩子们的讨论与探索。

鼎茗轻轻地把鱼妈妈救起,放进鱼缸,说道:"'产房'一放进去,鱼缸里的水就满了,(鱼妈妈)肯定是不小心跳出去的。"我追问:"那我们应该(在鱼缸里)放多少水呢?"孩子们一边看向旁边的鱼缸一边思考,在对比中,他们发现,鱼缸里的水不需要太多,放半缸多一些的水即可。大家通过讨论达成一致想法后,便将鱼缸里的水倒出了一部分。

水倒出后,新的问题又产生了。"鱼妈妈的'产房'放得太高了,水倒出得太多,'产房'里都没有水了,鱼妈妈就呼吸不了了。"新问题引发了孩子们的再次讨论与调整,他们有的说将"产房"稍微调低一些,有的说再多放一些水。在孩子们的不断尝试和实验中,鱼妈妈的"产房"被摆放到了离鱼缸底部约3/4的位置,水则加到刚好没过"产房"顶部。把"产房"摆放到合适位置后,孩子们还不忘拿出记号笔,在鱼缸上做了标记,以便下次更快、更准确地摆放"产房"。

幼儿观察"产房"位置是否合适　　　　幼儿将"产房"摆放在最合适的位置

——节选自大班饲养劳动故事《鱼妈妈的产房》

教师:刘亭亭

在上述案例中,幼儿交流讨论如何避免新生鱼宝宝被鱼妈妈吃掉时,联想到自己的生活经验,决定为鱼妈妈做"产房"。他们寻找各种材料进行尝试。他们善于观察和思考,不仅关注"产房"的投入使用是否能够让鱼妈妈快乐地生活,而且考虑"产房"是否能够满足分离鱼妈妈和鱼宝宝的需求,达到保护鱼宝宝的目的。幼儿通过一次又一次的观察记录、实验操作、讨论分享,为鱼妈妈和鱼宝宝制造出了一个更为合适的"产房"。在这个过程中,幼儿的动手能力和解决问题的能力都得到了很大的提升,不仅在亲身体验中习得了饲养知识,提高了饲养能力,还感受到生命成长的不易,从而萌发了对生命的尊重、对劳动的热爱之情。

(3)喂养

大班幼儿在饲养活动中还需要关注种植与饲养的关系,建立生态和谐的意识,拓展饲养劳动的范畴,感受动物与植物之间的和谐生态关系。

首先,关注种植与饲养的关系,有助于大班幼儿理解动物和植物之间的共生关系。通过参与饲养劳动,幼儿可以观察到动物和植物之间的相互作用,了解动物粪便可以为植物提供养分,植物则可以为动物提供食物和栖息地。对这种共生关系的了解,有助于幼儿理解生态平衡的重要性,形成爱护环境和尊重生命的观念,建立和谐共生的生态意识。

其次,拓展饲养劳动的范畴,让幼儿经历完整的饲养过程,可以帮助幼儿更全面地了解动物和植物之间的生态关系。从种植、采摘、清洗、制作、喂食,到沤肥,再到又一次种植,这个完整的过程将让幼儿了解到食物的生产和动物的喂养是相互关联的,也使他们理解动物的生长变化和植物的生长是相互影响的。这将有助于幼儿更深刻地理解动物与植物的关系、人与自然的关系。

例如,某大班因为兔子没有食物吃而萌发了要种青菜给小兔子吃的想法,并采取了实际行动,在此过程中,幼儿关注动物与植物的生长,感受生命之间的关联。

【案例片段】我给小兔种草吃

在调查了解兔子喜欢吃的食物后,孩子们每天轮流从家里带来青菜、萝卜、苹果等,给小兔喂食。有一天,轮到依一小朋友给小兔子带食物时,她竟然忘记了!孩子们讨论怎么解决这个问题。然然说:"我们在幼儿园也种上兔子喜欢吃的青草,这样小兔子就不会没有食物啦!"大家表示赞同。

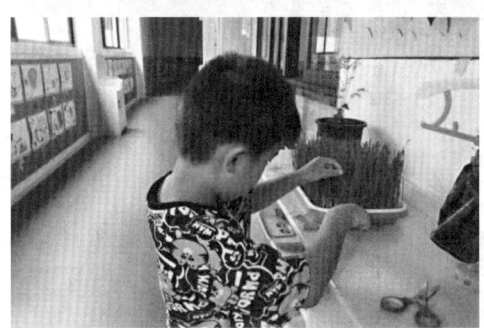

幼儿给兔子种青草

接着，我们开始种菜。挖土、浇水、撒种子，孩子们忙得不亦乐乎。为了有更多的产出，我们同时进行户外种植和室内种植箱种植。小朋友天天给青草地浇水，期待能给小兔子吃自己亲手种的青草。在小朋友们的照料下，没多久，青草就可以收割了。当孩子们剪下第一棵青草，亲自喂给小兔子时，他们开心极了！

种植劳动让幼儿感受到植物与动物之间的关系。

——节选自大班饲养劳动故事《"兔"然遇见你》

教师：李娜

（4）照顾

大班幼儿在饲养劳动中表现出更强的照顾能力和责任意识。

首先，大班幼儿能够综合运用劳动工具和材料去解决动物面临的问题，如使用锯子、锤子、钳子等来搭建或改造动物的生活环境，以更好地满足动物的需求，确保动物的生活环境安全、舒适和卫生。当动物出现异常情况时，幼儿需要分析问题，判断出现问题的原因，并采取适当的措施。综合使用工具和材料的能力，不仅体现了大班幼儿动手实践的劳动技能，也展示了他们独立思考的能力和解决问题的能力。

其次，大班幼儿在饲养劳动过程中会逐渐形成相对稳定的、认真负责的劳动态度和习惯。如他们能够按时喂食，能定期清洁动物笼子，能及时发现并救治生病的动物等。通过这些日常的照顾活动，大班幼儿逐渐建立起对动物的责任感，他们更加关注动物，能自发自主地保护和照顾动物。责任意识和劳动习惯的培养对大班幼儿的发展非常重要，也为他们日后更好地适应社会生活奠定了基础。

【案例片段】搭建"火车鹅窝"

小朋友们发现用积木搭建的鹅窝很容易倒，于是提议用纸箱来搭建。经过讨论，孩子们确定了搭建鹅窝所需要的工具和材料：剪刀、双面胶、报纸、尺子等。

搭建组的孩子们参考"火车鹅窝"设计图，先用撕的方式去除纸箱顶部的瓦楞纸片，但很快发现，用撕的方式不仅容易撕得不整齐，还不容易撕开。接着，加米找来剪刀帮忙，但是发现瓦楞纸很硬，用剪刀也不容易剪开。她发愁了，不知如何是好。皓皓对她说："我有办法。我们两个人合作，我抓着纸箱（的瓦楞纸）往外撕，这时候你用剪刀剪，我们一起用力，就能整齐地剪开了。"于是，加米和皓皓分工合作，一起裁剪箱子，发现两人配合确实容易多了。他俩将箱子的顶部剪开后，继续合作，用双面胶粘了一个三角形的屋顶，并将屋顶与纸箱连接在一起，"火车鹅窝"初见雏形。此时，轩宝加入加米和皓皓的工作，三人合作，"流水线作业"，一个撕开透明胶，一个用剪刀剪断透明胶，一个将透明胶粘贴到纸箱上，很快，"火车鹅窝"就做好了！

但还没将小鹅放进鹅窝，新问题又出现了。

乐乐:"都粘了透明胶了,我只是轻轻拿了一下鹅窝,屋顶和纸箱就分开了,怎么回事呢?"

晨晨:"因为没有粘紧。我妈妈教过我,粘的时候要用大的透明胶,透明胶要分别粘到这里和那里。"晨晨一边说,一边指着两个需要连接的物体部位。

玉洋:"对的,我妈妈也是这么说的,我还看到她给快递打包裹的时候粘很多次,横的竖的都粘很多次。"

我:"晨晨和玉洋说的都是好办法,那我们一起再来检查和加固一下吧!"

孩子们了解到更好的粘贴透明胶的办法后,纷纷行动起来,用大的透明胶合作粘贴、加固,使"火车鹅窝"更加牢固。

不久,孩子们又发现一个新问题——

晨晨:"小鹅都在它们自己的房间,各个房间之间没有门,它们怎么去别人家玩呢?"

乐乐:"那我们在纸箱中间弄一个洞就好啦,小鹅就可以钻洞去别人家玩了。"

搭建组的孩子们调动已有的劳动经验并分享给同伴,与同伴一起,在不断的尝试中提升了劳动能力,掌握了撕、剪、用透明胶粘贴等劳动技能。同时,我欣喜地看到,孩子们即使不断地遇到问题也没有退缩,而是努力想办法解决问题,我为孩子们的行为点赞。

幼儿合作建造"火车鹅窝"

——节选自大班饲养劳动故事《鹅窝打造记》

教师:宋丰慧、王晴玢

在上述案例中,幼儿关注小鹅的需求,想到要为小鹅搭建一个舒适的窝。他们能够熟练地运用测量、搬运、裁剪、粘贴、摆放等方式,来尽可能达成目标。在反复对鹅窝进行完善的过程中,幼儿积极思考问题产生的原因,并尝试综合利用不同的材料和工具进行建构,发展了思考能力和动手能力,让劳动行为真正解决小鹅的现实需要。

（二）对"饲养与劳动"的多元支持

1. 对饲养劳动的时间支持

（1）长期饲养与短期饲养

不同动物的生存条件、生长周期是不同的，小动物成长的不同阶段充满了不同的劳动机会。为了支持幼儿充分探索，我园的饲养劳动教育，以饲养对象的生命周期和幼儿的劳动探索需要为原则，实行弹性时间管理。对于鸽子、芦丁鸡、鱼等可以长期饲养的动物，允许教师根据幼儿的探究兴趣及劳动实施情况进行相应的时间管理；对于蝌蚪、蜗牛、蚕等生长季节性强、生命周期短的小动物，则会根据其生活环境、生长条件或生长变化特点开展相应的饲养劳动。同时，我们鼓励教师和孩子一起去发现饲养与种植以及生活之间的关系，体验"种植→采摘→清洗→制作→喂食→沤肥→再种植"的完整过程，并给予相应的劳动时间支持，拓展饲养劳动的范畴，帮助幼儿建立劳动生态意识及生活意识。

【案例片段】为蚕宝宝种桑树

（1）蚕宝宝需要更多桑叶

蚕宝宝逐渐长大，每天吃桑叶的量逐渐增加，孩子们发现桑叶不够了。

兹弘："桑叶就剩一点儿了，好多都干掉了。"

邓意："桑叶快吃完了，不够蚕宝宝吃了，蚕宝宝要饿肚子了。"

庄媛："我们再去多摘一点桑叶给蚕宝宝吃。"

嘉懿："可是桑叶摘多了就都干了，摘少了又不够吃，怎么办呢？"

小浣："要是幼儿园有桑树就好了。"

德有："我们可不可以在幼儿园种桑树呢？这样蚕宝宝就有桑叶吃啦。"

德有的提议得到了其他小朋友的赞同，大家纷纷表示想在幼儿园种一棵桑树。

【教师的思考与支持】《3—6岁儿童学习与发展指南》中指出，要经常带幼儿接触大自然，使幼儿对动植物产生兴趣，并为其亲身观察、探究动植物提供机会，培养其热爱自然、热爱生命的情感。为解决蚕的食物来源问题而种植桑树，这对幼儿来说是一次非常好的亲自然活动，虽然桑树不会马上长大，我们不会马上收获到桑叶，但是让幼儿体验种树的过程，感受劳动的艰辛与快乐，感知生命成长的不易，不也是一次很好的教育契机吗？于是我决定满足幼儿的想法，跟他们一起种桑树。

（2）为种植桑树选址

我："我们要在幼儿园的什么地方种桑树苗呢？"

雅晴："在小菜园那里种吧。"

保君："那里种了很多菜了，没有地方了。"

昌辉："我们去看一看、找一找哪里可以种。"

我带着孩子们来到幼儿园沙池旁、攀爬区，发现这里种了好几棵果树。

雨馨："就种在这个地方吧，这里有很多果树陪伴它长大。"

保君："不行不行，小朋友从小土坡跑下来，会撞到桑树上的。"

邓意："那我们就找一个安全的地方。"

大家又往前走了走，小浣说："就种在这棵树的旁边吧。"

德有："再往这边一点儿，（那里与其他树）离得太近，等桑树长大了会被旁边的树挤到的。"

邓意："离得太近还会把阳光遮住，小桑树就长不大了。"

予希："那我们在攀爬架旁边种吧，那个位置刚好。"

【教师的思考与支持】在实地考察后，种桑树的地址选定了。我很欣喜，幼儿在选址的时候能仔细观察周围的环境，结合自己生活和游戏的情境来判断种植的位置是否安全，还从树苗成长的需要出发，来考虑种植的位置是否适宜。他们在自己感兴趣的事情上，不仅关注要做什么，而且开始思考如何做得更好，让我看到了生活中的真实问题对幼儿劳动和学习的激发及促进。在分享环节，我在全班小朋友面前赞扬了他们这种善于观察和思考的品质，希望他们今后在做其他事情和解决其他问题的时候也能动脑筋多思考，想办法把事情做得更好，让思维参与到整个劳动活动中。

（3）种桑树前的准备——准备树苗

我："我们去哪里要桑树苗呢？"

俞筝："上次我们一起去摘桑葚的地方就有很多桑树，妈妈说那里可以买桑树苗。"

嘉懿："那我们去那里买来，一起种。"

昌辉："周末我和妈妈一起去买。"

玄妙："我们还可以去公园问一问，有没有桑树的苗送给我们。"

永祯："那我也去我家小区的物业办公室问一问，看看有没有桑树苗。"

【教师的思考与支持】前期幼儿经历过采桑叶的活动，他们在找桑树苗的问题上已经能够进行经验的迁移，很快就想到有桑树的地方应该就可以找到桑树苗，这是一种很好的解决问题的思路，也是劳动过程中不可或缺的一种思考模式，我很欣慰，联想式思维方法已经在幼儿的劳动过程中悄悄萌芽，促进幼儿的发展。

（4）种桑树前的准备——准备工具

我："照顾桑树苗，我们需要用到什么工具呢？"

嘉懿："我们在植物角照顾植物的时候要用浇水壶给植物浇水。"

保君:"还要用小铲子给植物松土。"

雨馨:"我跟妈妈在电脑上看到过,蚕宝宝拉出来的蚕沙可以当肥料,我们每天清理蚕沙的时候可以(把蚕沙)留着,给小树苗施肥。"

邓意:"松土还可以用小耙子,我玩沙的时候都用它。"

【教师的思考与支持】幼儿能够结合照顾植物的经验和相似的游戏经验来准备照顾桑树的工具。在此过程中,他们有思考,有计划,有想象,这也是幼儿学习、思考的过程。

(5)桑树苗种几棵?

桑树苗有了,孩子们拿上准备好的工具,来到种树苗的场地。这时候,几个小朋友争执起来:"种我的小树苗!我的苗是从公园买来的,肯定很好。""我的是小区物业爷爷给我的,他说是最好的桑树苗。""那我们都种上吧。"……

"我们选的这块地方最多可以种几棵?"我问道。

邓意说:"我觉得可以种三棵。"

保君说:"我觉得可以种很多棵。"

"老师觉得,两棵小树苗之间空出两把小铲子的距离就可以啦,我们可以一起量一量。"我给孩子们提出建议。

孩子们对测量已经有了初步的感知,于是我跟孩子们一起,将两把铲子连起来放在一起,然后从旁边的大树根部开始测量。在我的引导下,孩子们尝试将两把铲子头尾相接起来摆放在地上,每放一次就做一个标记。孩子们发现,将两把连在一起的铲子摆放在地上,连续摆放三次,就到另外一头的大树了。我启发他们观察:"做记号的地方就是我们要种下小树的地方,数数可以种的数量。""1、2,我们只能种两棵桑树苗。""那我们就选两棵桑树苗来种吧。"孩子们行动起来,挖坑、放苗、填土、浇水,很快,桑树苗就种好啦!

幼儿种桑树　　　　　　幼儿给小桑树浇水　　　　　　幼儿用蚕沙给小桑树施肥

【教师的思考与支持】由于场地面积有限,将幼儿带来的桑树苗都种上不太现实,幼儿在"种几棵桑树苗"的问题上也有了不同的意见。为了引导幼儿以科学的方法合理地种植树苗,我提出用测量的方式来解决这个问题。这个过程让幼儿在生活、劳动中获得了粗浅的数学经验,也帮助幼儿形成了用数学思维去解决生活和劳动中的问题的意识。

(6)照顾桑树苗

桑树苗种好了,小朋友们每天都来给桑树苗浇水,用收集的蚕沙给桑树苗施肥,希望小树苗快快长大。

雨彤:"我每天都要来给小桑树浇水。"

小浣:"我也想给小桑树浇水。"

永祺:"那我们轮流来照顾吧,要不然浇太多水小树苗会死的。"

我:"每天一组小朋友来照顾树苗,这个方法好!那照顾小桑树需要怎么做呢?"

沐阳:"我们要浇水、松土、施肥。"

芙晴:"没轮到自己照顾小桑树也没关系,我们可以经常来看看小桑树。"

【教师的思考与支持】幼儿给桑树选择场地、讨论种树需要的工具、确定种植桑树的数量,然后进行种植、浇水、施肥等,在此过程中,他们体验到劳动的喜悦,也知道了小树长大是一个漫长的过程,需要长期得到水分、肥料的滋养,因此,他们商量着分组轮流照顾小桑树。在大家的共同努力下,小桑树慢慢长大,虽然还不能摘它们的叶子来喂蚕宝宝,但是由喂养蚕宝宝而引发的种植劳动让幼儿体会到,付出劳动才会有收获,他们不仅感受到了生命成长的可贵,也加深了责任感和任务意识。

——节选自饲养劳动故事《蚕宝宝的食物》

教师:邱瑶、李清岚

(2)在园饲养与居家饲养

在节假日,为了满足饲养对象的生活需要,我们会建议幼儿轮流将小动物带回家喂养,这不仅能保护小动物的生命安全、满足小动物的生存需要,还能帮助幼儿建立责任意识,体会亲子劳动的乐趣。同时,我们会向家长发出倡议,请家长支持孩子的选择,并在孩子照顾小动物的过程中多给予陪伴,多鼓励孩子的劳动行为,让服务他人、热爱劳动这些良好的品质在亲情的感染下浸润童心,不断强化幼儿的劳动意识,促进幼儿综合发展。

【案例片段】我家养了小豚鼠

在中班的暑假,栩烨自告奋勇,把两只可爱的荷兰猪带回了家。在我们的支持下,栩烨与荷兰猪相处了7天。

刚把荷兰猪带回家的那天，栩烨兴奋不已，每时每刻都在旁边喂食，跟它们交流。第二天，到了动手给荷兰猪清洁住所的环节。要知道，"铲屎官"的工作从来都不简单，为了给荷兰猪一个干净舒适的环境，栩烨可忙坏了，他先清理荷兰猪的家，给它们的食盆盛满食物，再给水槽内换新的水……我能感觉到他完成这些工作之后的成就感。和小朋友们在草坪上嬉戏时，栩烨也不忘了带上它们，和小伙伴讲一讲荷兰猪的故事。一个小朋友说"好可爱的仓鼠啊"，栩烨马上辩解："它们不是仓鼠，是豚鼠，又叫荷兰猪，它们可比仓鼠大多了！"滔滔不绝中，带着自信和骄傲……

栩烨在与荷兰猪的相处时光中，不仅收获了快乐，还体验到照顾小动物需要付出劳动，需要有责任心。与动物相处的方式、动物的生活习性与自己的生活方式之间的差异性等，无不激发孩子的探究欲望。经过这段时光，栩烨不仅对荷兰猪有了较为系统的认识，而且对自然界中的其他动物都产生了浓厚的兴趣，我觉得这是他受益一生的宝贵收获。

——栩烨妈妈

【教师的思考与支持】家长感受到饲养劳动对幼儿成长的价值，积极主动地加入我们的饲养劳动教育活动。如：周末和假期，家长都会支持幼儿将小动物带回家照顾，在家里和幼儿一起创设饲养小动物的环境，和幼儿一起与小动物互动，给小动物做清洗、打扫工作……这些活动使得亲子关系更加密切。在家庭饲养过程中，家长也会积极地在微信群里分享交流饲养的情况，对幼儿的行动给予充分的鼓励和肯定，帮助幼儿形成对饲养劳动的胜任感，获得相应的成就感。家长成为幼儿学习、探索、劳动、服务他人的支持者、合作者。

（3）板块时间与碎片时间

饲养劳动是幼儿发起的，也是幼儿愿意主动开展的，往往有幼儿的兴趣相随。在活动中，幼儿会频繁、持续地进行观察、照顾和探究。为满足幼儿开展饲养劳动的需要，在时间的安排上，我们实行"1+N"管理模式——"1"是指饲养劳动主题下，每天留出一个大板块时段，以支持幼儿集中开展饲养劳动，在这个时间段内，幼儿可以集体记录、讨论、分享，可以持续、深入地进行饲养劳动。"N"是指利用一日生活中的N个碎片化时段，支持幼儿小组或个别化地开展饲养劳动、进行观察记录，给予弹性、灵活的时间支持。

① 大板块时段保障持续性探究

幼儿对自己感兴趣的事情必然会投入较长时间进行探究，因此，我园的一日活动在科学、适宜的基础上实行弹性化安排和管理，允许教师根据幼儿的探究兴趣及需要自主安排活动内容、延长活动时间，以支持幼儿饲养劳动深入开展。同时，连续的、较长时间的劳动活动，可以很好地激发幼儿的任务意识和责任感，帮助幼儿形成良好的劳动态度和品质，锻炼幼儿动手的能力，提升其劳动技能。

② 碎片化时段满足个性化需求

幼儿对小动物的情感是天然存在的，他们会像爸爸妈妈照顾自己一样，去关心、爱护他们自己饲养的小动物。在生活中，幼儿会经常去看看小动物在干什么，看看它们的食物还有没有，它们的棚舍需不需要打扫……这些行为恰恰体现了幼儿对饲养的小动物的责任心，对饲养工作的任务感，也正是这种责任心和任务感，推动幼儿萌发劳动意识、形成劳动态度、产生劳动行为。我们允许并支持教师将一日生活的碎片时间交给幼儿，引导幼儿强化在生活常规方面的自我管理，既保证幼儿一日生活的整体秩序，又满足幼儿饲养劳动的个性化需求。

幼儿照顾兔子

幼儿打扫兔窝

2. 饲养劳动的空间支持

（1）园区饲养角的选择与建设

为了更好地满足幼儿观察与照顾动物的需求，我园根据幼儿的饲养兴趣，对室内外场地的面积、地形和条件进行了综合评估，结合我园现有的游戏场地规划，充分考虑采光、通风条件，以及取水的便利性等，将我园与水系、土坡相邻近的一块场地确定为户外饲养区。为了方便幼儿观察到动物的自然状态，我园为不同类型的动物修建了贴近自然场景、模拟生态功能的场地与棚舍，并结合不同动物的生活习性修建了"假山坡地"，以满足不同动物的生活需要，满足幼儿的劳动需要，确保小动物以比较自然的状态生存与活动。这样做，有较明显的优势与不足。

优势：饲养环境自然、生态、宽敞，给予了小动物自由生长的空间，也方便较多幼儿同时进行观察、饲养与劳动，为不同年龄段的幼儿创造了与自然亲密接触的机会。

不足：因临近小学和住宅小区，只能饲养一些体积较小、叫声较轻的动物，如小羊、小鹅、小鸽子等，饲养对象在一定程度上受到限制；另外，由于户外饲养区离部分班级比较远，不太便于幼儿日常的观察与照顾，在饲养机会的提供上略显不足。

（2）班级饲养角的选择与建设

为了丰富幼儿的饲养体验，弥补户外饲养角距离比较远、可开展活动的时间不够灵活、饲养对象受限等问题，我园鼓励教师基于每个班走廊的空间条件进行饲养场地的规划与预设，并提供了可移动的饲养箱，允许教师根据幼儿的饲养兴趣来确定饲养对象，从而进一步创设、打造适宜的饲养环境，尽量还原动物生活的自然场景，遵循动物生长发育的规律，不断添加动物棚舍并进行优化调整，为小动物营造适宜、温馨的居住环境，也为幼儿观察和照顾动物创造较便利的条件。班级饲养角的优势与不足有——

优势：方便幼儿日常的观察、照顾和喂养，为幼儿的持续探究提供了便利条件。

不足：室内场地有限，棚窝空间较小，饲养体积稍大或数量较多的动物时，就会显得局促；同时，缺少户外环境得天独厚的自然条件。

我园班级走廊上的饲养角

（3）幼儿亲历饲养环境的打造

为了更好地激发幼儿主动学习，我们将室内外饲养空间的规划权还给幼儿。他们充分讨论小动物需要怎样的环境，然后将金鱼、泥鳅、螺蛳、小蝌蚪等饲养在水系里，将小鸭子的家安在水系边，将小鸡、小兔子饲养在假山坡地处，将鸽子、小鸟饲养在飞禽区,将鹦鹉、小仓鼠、芦丁鸡、荷兰猪等饲养在活动室外的走廊上,将蚕宝宝、孔雀鱼等小动物饲养在班级里。

同时,围绕饲养动物所需要的棚舍、水源、食物、材料和工具等,幼儿展开调查访问、交流讨论、观测场地、绘制设计图、小组合作等活动。幼儿在亲历空间规划的过程中,加深了对动物与环境、人与动物之间关系的认知和理解,形成了高阶思维,逐步建构了环境意识、责任意识、劳动意识,提高了劳动能力、学习能力。

【案例片段】点点跑出来了

(1)逃家小兔

午饭后,孩子们各自忙碌着,突然,教室外面传来了喊声:"不好啦!点点跑出来啦!"小兔子怎么跑出来了?佳言猜测:"可能是跳出来的吧?哇,点点这么小,还能跳这么高?"佳言一边说,一边比画着兔窝的高度:"这兔窝都比我的膝盖还要高呢!"九九建议,找一个比泡沫垫还高一些的材料,再给兔窝加一个顶。但坤坤认为那样兔子会住得不舒服。文雯则觉得,可以找一个大大的纸箱当兔窝。小伙伴们似乎都同意了文雯的想法,决定各自回家找一个高度比垫子还高的纸箱。

  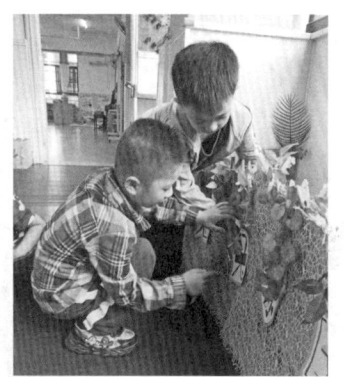

幼儿合作,用纸箱搭建兔窝

第二天早上,佳言爸爸送来了一个大纸箱;奇奇带来了小纸箱,想用它做兔窝的窗户和小门。绍睿非常赞同奇奇的想法。羽梦却有些担心卫生问题,因为用纸箱做兔窝还是不便于清理。舒涵想到,可以将泡沫垫放在纸箱底部,这样打扫卫生很方便,纸箱里面可以住三只小兔子。

在用纸箱制作兔窝的过程中,绍睿发现纸箱很长,中间又是空的,所以晃来晃去的,无法固定。坤坤便拿来几块积木,贴在纸箱的中间位置,用积木做支撑。"上次我们玩搭纸桥的游戏时,就在长长的纸桥中间加了好几根积木,那样小汽车开过纸桥都没有把桥压垮。"绍睿联想到之前自主游戏时搭纸桥的经验。祖源观察了一下,说:"拐弯的地方也要用积木(做支撑),就像我们教室走廊拐弯的地方,也是有柱子的。"祖源的话引起了孩子们的兴趣,他们到走廊上观察,发现每隔一段距离就有一根柱子。"走廊上有好多柱子呢,而且每根柱子的距离差不多,我们兔子窝的柱子也可以这样做。"于是,孩子们从教室里拿了一些圆柱体积木,用透明胶带将它们粘在纸箱里面,加固了新做的纸箱兔窝。孩子们又用夹子把彩色网纱和装饰用的绿叶固定在纸箱外围,还写下了"兔兔乐园"几个大字,美美地贴在兔窝的"外墙"上。小兔有宽敞舒适的新家啦!

看着通过自己的劳动搭建完工的兔窝,孩子们的兴奋和喜悦抑制不住,每天一有时间就跑去观察小兔。

【教师的思考与支持】幼儿在探索中不断调整搭窝的材料,从积木,到泡沫垫,再到纸箱加泡沫垫,他们在劳动中感知材料不同的属性,能根据搭窝的实际需要选择适合的材料。在小组分工合作中,他们还挑选适合的劳动工具,如剪刀、双面胶、透明胶、夹子、线绳等。他们遇到困难时没有放弃,而是积极思考,尝试各种解决问题的方法,为打造班级良好的饲养环境而努力。

(2)小兔又跳出来了!

孩子们根据前期制订的饲养劳动计划,努力、认真地照顾着三只小兔,小兔子在孩子们的精心照顾下,一天天地长大。过了两个星期,一件让人吃惊的事情发生了——小兔子又跳出来了!

建翔:"以前这个高度时小兔子不能跳出来的呀,为什么现在(兔子)一下子就跳出来了?"

奇奇:"之前小兔子还小,跳得没有那么高。你没发现这两个星期它们长大了吗?"

赫赫:"那就把围栏加高,不信它还能跳出来!"

暖晴:"那我们找一个东西来量一量纸箱的高度,再找找看,什么材料比这个纸箱更高,免得小兔子跑出去找不着了。"

小兔子又跳出来了　　　　　　　幼儿测量纸箱兔窝的高度

我递给暖晴一把米尺，暖晴蹲下身，认真地测量起来。"10、20、30、40……这里有45厘米。看起来，我们要做一个至少50厘米或者60厘米（高）的围栏才行。""我们上网找找，还有什么高一点的材料可以（用来）做兔窝。我妈妈经常在网上买东西，我可以叫我妈妈帮我们买。"建翔把妈妈网购的经验迁移过来。

我支持孩子们的想法，和他们一起上网搜索适合搭建更高的兔窝的材料。网店里，栅栏有很多种规格和颜色，孩子们看着规格表，开始计算和决策。泽嵩为了兔子的安全，决定选圆头的栅栏；赫赫比画了三种高度尺寸，从50厘米、80厘米、30厘米中挑出适中的高度——50厘米；建翔则精打细算，说道："我们总共买9片，1片放在侧面，另外8片放在正面，靠柱子的那面不要放，可以节约1片材料。"为了方便收拾兔子的便便，今今建议在旁边再开个小门。就这样，我们的采购兔窝栅栏的方案确定好了。

【教师的思考与支持】在这次遇到"小兔逃家"问题时，幼儿发现，小兔子长大了，它们的跳跃能力增强了，于是想继续改良兔窝。他们学习用米尺测量围栏的高度，借鉴成人网购的经验选择上网采购所需的材料，并且充分考虑到安全性、长度、高度、数量等问题，并结合生活经验对空间进行分析，提出了节约材料的方案。幼儿还选择将幼儿园作为快递邮寄地址，请老师做收件人。这些都反映出幼儿能在生活和劳动中不断积累经验，并迁移运用经验。

经过三天的等待，网购的栅栏寄到了。孩子们发现，每一片栅栏都有两组卡扣，一个凹下去，一个凸出来，两两相对。他们动手拆卸纸箱兔窝，组装栅栏兔窝，新兔窝很快就安装好了。这次的"兔兔乐园"不仅看起来更加美观，还增加了可开合的门，解决了打扫兔窝出入不方便的问题，小兔子又有了一个新的家。

幼儿合作组装栅栏兔窝

（3）小兔可以跳多高？

这天中午，孩子们睡午觉起来后，准备去给兔子添一些菜叶，突然，他们发现两只小兔子不见了！大家分头在幼儿园里寻找，最后在大一班的走廊上和西边楼梯上发现了小兔的身影。

有了上一次的经验，大家都知道，一定是小兔子又长大了，又能跳到栅栏外面来了。今今急忙说道："我们赶紧再加高一下（栅栏）。""小兔子究竟会跳多高？这次我们要加高多少呢？"我抛出了这个问题。舒涵建议，设置几个不同高度的障碍物，看看小兔能跳过哪个，就知道小兔可以跳多高。"那用什么材料来加高栅栏呢？"我追问道。圆圆说："楼下有大积木，我们去搬点积木来加高吧！"

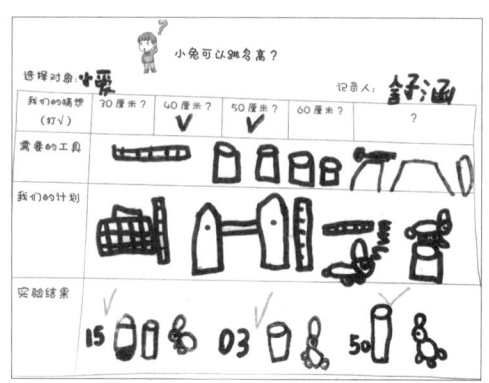

幼儿测量障碍物高度　　　　"小兔可以跳多高？"记录表

再次加高后的"兔兔乐园"

【教师的思考与支持】这个案例中,幼儿参与饲养环境的创设,一起为小动物设计、搭建、布置棚舍。为了解决"小兔出逃"的问题,幼儿自主收集材料,寻求成人帮助,亲子查阅相关资料……他们不断尝试、探索,最后成功改造了兔窝。在这个过程中,幼儿掌握了解决问题的途径,学会了使用工具,了解了动物生长发展的规律,形成了坚持不懈、勇于思考、乐于探究的良好品质。

——节选自大班饲养劳动故事《逃家小兔》

教师:谢潇楠、林彬

3. 饲养劳动的资源支持

我们整合、协调园内外的各种资源,对幼儿饲养劳动教育进行支持,最大限度地丰富幼儿的饲养经验,开拓幼儿的思维,启迪幼儿进行探究和创造,促进幼儿综合发展。

(1) 环境资源支持

① 人文环境

心理环境的营造。饲养劳动教育开展的过程,也是教师不断成长的过程。最初,我园教师在观察、回应和支持幼儿开展探究方面有过迷茫和无助,她们怀疑过自己的判断,对自己的教学行为产生过困惑,甚至不知道该从哪里入手推动幼儿饲养劳动的开展。作为管理者,我们从鼓励开始,始终以教师和幼儿的支持者与合作者身份,全力推进班级饲养劳动深入开展,让教师在追随儿童发展的道路上收获信心与成就,不断产生职业幸福感,不断提升自身的专业能力。

劳动氛围的营造。我园从小班开始,就将劳动教育渗透到一日生活中,从自我服务到为他人服务、为集体服务,逐步培养幼儿的劳动意识、劳动能力及劳动品质,为饲养劳动的顺利开展营造了氛围,打下了基础。我们也在家园共育活动中,将劳动观念传递给家长,通过多种途径让家长参与劳动教育活动,不时将幼儿在一日生活中的劳动表现通过视频或图片发送到家长群,让家长感受到幼儿的劳动能力和收获的快乐，从而在家庭中也持续为孩子提供劳动条件与机会。这种家园一致的"双环境"支持，能助力幼儿形成受益一生的劳动品质。

② 物质环境

在饲养活动中，师幼共同收集活动所需的各种工具和材料，以满足饲养劳动和科学探究的需要。随着饲养活动的深入开展，教师会及时补充或替换活动区中的各类材料、工具，或打造便于幼儿体验的场地、场所等，以满足幼儿探究的需要。饲养劳动教育中，所需要的物质资料主要有：幼儿获取知识所需要的图书、视频，建造动物棚舍所需要的网格、积木、木板、纸箱、竹筛、草窝，喂养动物所需要的食物，加工动物饲料所需要的器皿、勺子、刀具、研磨工具，孵化蛋卵所需要的孵化箱、保温灯，幼儿进行观察记录时所需要的放大镜、体温计、电子秤、记录卡、录音笔、体视镜、电子显微镜，做清洁工作所需要的笤帚、撮箕、抹布，护理消毒所需要的抗菌药、消毒水等。

班级饲养角的工具区

（2）社区资源支持

① 物产资源

我园所处的社区，植物茂盛，品种丰富，为幼儿饲养活动的开展提供了很好的实践劳动机会与饲料物产支持。幼儿跟爸爸妈妈一起，利用节假日，在小区、公园里给蚕宝宝摘桑叶，为兔宝宝觅菜叶。从采摘，到清洗，再到喂食，这个过程很好地激发了幼儿自主劳动的兴趣与责任，也让幼儿更加清晰地感受到动植物之间的关系。同时，我园濒临大海，海边、沙滩也是幼儿经常去的地方。幼儿在海边收集各种各样的鹅卵石、贝壳、海螺壳，用它们来布置小动物的家，为小动物们打造自然、温馨的饲养环境，在这个过程中，幼儿也能萌生对大自然的尊重与喜爱之情。

【案例片段】蚕宝宝与桑叶

（1）桑树长什么样？

上午的谈话环节，我跟孩子们聊起了关于桑叶的一些话题。

我："我们怎么才能找到桑叶，给蚕宝宝呢？"

禹淙："找到桑树就找到桑叶了，桑叶肯定都长在桑树上。"

我："桑树长什么样？你们见过吗？"

睿辰："我可以回去问问爸爸妈妈。"

桐宇："我们家有小易，你只要说'小易、小易'，然后问它问题，就会有答案了。"

庄媛："我们还可以去查看图书，书上有桑树的样子。"

【教师的思考与支持】在幼儿饲养、照顾蚕宝宝的过程中，可以看出，他们对蚕宝宝充满了好奇和喜爱，他们想了解关于蚕宝宝的一切，也为了养好蚕宝宝而付出自己的劳动，尽着自己的努力。

当幼儿结合自己的生活经验，开始关注蚕宝宝的食物时，我结合幼儿的认知水平给予了回应，没想到，这激发了幼儿为蚕宝宝准备桑叶的想法与行动，他们对蚕宝宝流露出的关爱和责任意识让我感动，我决定要为他们的喂养劳动创造条件、提供支持，于是，先和他们一起学习认识桑树。幼儿认知经验的积累源于他们的学习兴趣，他们认真地察看我们从网上找的桑树和桑叶图片，努力从一些细节上去认识它们，并且用自己的方式把获得的经验积累下来。可见，当幼儿调动他们的生活经验时，在集体智慧的启发下，他们很快就能找到解决问题的方法。

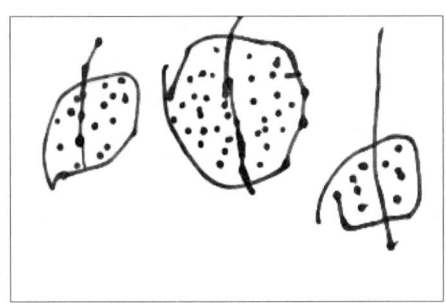 

幼儿记录"我认识的桑叶"

（2）采桑叶

孩子们认识了桑树和桑叶后，周末就跟爸爸妈妈一起行动起来。孩子们在爸爸妈妈的陪伴下，去公园、植物园、采摘基地摘桑叶。看着家长们发来的采摘桑叶的照片和微信上的留言，我感受到孩子们积极主动、认真负责的态度。家长说，孩子们在采摘的时候都选干净的、完整的叶子给蚕宝宝；够不着的地方会让爸爸妈妈抱起来去采摘；小手被枝叶扎到了也不放弃……孩子们不怕辛苦，认真地为蚕宝宝采摘桑叶，遇到困难的时候积极想办法解决问题。

【教师的思考与支持】丰富的社区资源为幼儿饲养蚕宝宝提供了便利的条件，可以看出幼儿已经深深地爱上了蚕宝宝，在为给蚕宝宝准备它们最爱的食物而努力着。在和爸爸妈妈一起采桑叶的过程中，幼儿不怕辛苦，克服困难，认真坚持，这些行为中渗透着幼儿对蚕宝宝的爱，他们对动物的天然情感、责任感以及坚持性都获得了初步的发展。

幼儿为蚕宝宝采摘桑叶

——节选自小班饲养劳动故事《蚕宝宝的食物》

教师：邱瑶、李清岚

② 研学资源

在饲养活动中，幼儿萌生的一些想法、遇到的一些问题，要通过社会实践和操作体验才能够很好地实现、解决，而社区就为幼儿提供了很好的研学资源。如，在蚕宝宝吐丝做茧后，幼儿对抽蚕丝产生了探究兴趣，因此，我们策划了一场户外研学之行。在那次活动中，幼儿体会到了蚕宝宝与人们的生活、与大自然的密切关系，产生了热爱生命和自然的情感。

（3）家长资源支持

① 生活资源——亲子共饲养

在周末或假期，幼儿会将小动物领回家照顾。我们利用这个契机，向家长发出倡议，请家长支持幼儿的选择，并在幼儿照顾小动物的过程中多陪伴、多鼓励，让服务他人、热爱劳动这些良好品质在亲情浸染下润泽童心，推动幼儿不断深化劳动意识，丰富劳动行为，促进幼儿综合发展。

② 材料资源——亲子共收集

随着饲养劳动的开展，常常要补充、制作材料来满足幼儿探究活动所需。为了更好地支持幼儿进行劳动，我园通过多种途径向家长传递活动的意义和价值，帮助家长树立正确的教育观念，请家长陪伴孩子收集或制作相关材料，并鼓励幼儿参与其中，让收集材料的过程成为幼儿学习的过程，让亲子陪伴成为幼儿学习的情感动力。

③ 专业资源——家长进课堂

幼儿家长拥有不同的专业背景与特长，我园经常请家长将自己的职业优势用到劳动教育活动中，与幼儿交流互动，分享经验，解答幼儿的疑惑，帮助幼儿建构认知。这样做，不仅可以拓展幼儿的思路，还可以更好地激发幼儿深入探究的兴趣，从而生发新的劳动行为，推动幼儿掌握新的劳动技能。

【案例片段】小鸽子相爱了

一天，孩子们围在大黄蜂和美美（两只鸽子的名字）的窝旁边，七嘴八舌地讨论着。到底发生了什么事情呢？

甜甜："我发现大黄蜂总是啄美美的脖子，我担心美美会受伤。"

彬彬："我感觉小鸽子想飞出去了，它们一直在扇翅膀。"

君茹："美美踩着大黄蜂的尾巴，大黄蜂很生气，就咬了她一口。"

幼儿发现小鸽子奇怪行为

【教师的思考与支持】在日常照顾小鸽子的过程中，幼儿已经熟悉小鸽子的动作表现，产生了关心和爱护小鸽子的积极情感，因此，当小鸽子出现反常行为时，幼儿充满了好奇，也很担心小鸽子会因为"打架"而受伤。我鼓励他们把看到的小鸽子的奇怪行为和想知道的事情都用画画的方式记录下来，并引导他们想办法寻找答案。

午后，孩子们继续观察着小鸽子，突然，有小朋友大嚷着说："看！大黄蜂和美美好像在亲嘴！"瞬间，所有小朋友们都围了过去。

孝航："男孩子不可以随便亲女孩子，难怪美美要啄大黄蜂。"

英杰："我妈妈说，小鸽子打架应该是相爱了。"

典典："小鸽子要当爸爸妈妈了吧？"

晨曦："它们会生宝宝吗？"

【教师的思考与支持】为了解密小鸽子的奇怪行为，幼儿自主阅读相关图书，回到家和爸爸妈妈一起查阅资料，当他们再次发现小鸽子的"异常"举动时，能够链接查阅到的知识、结合生活经验作出判断。为了帮助幼儿进一步验证自己的想法，增强他们的自信心和成就感，我决定邀请"养鸽专业户"英杰妈妈来到班上，分享养鸽子的经验，为幼儿答疑解惑。

英杰妈妈分享养鸽子的经验

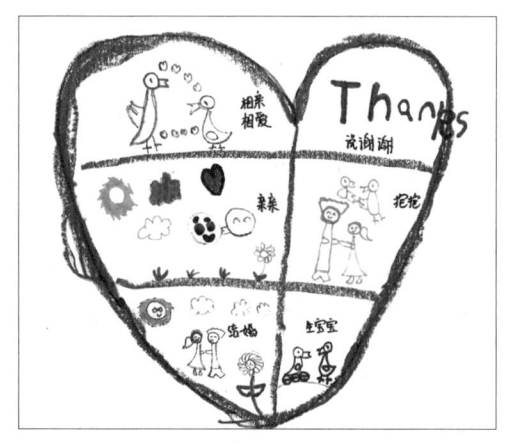

幼儿眼中的"相爱"

典典："原来，大黄蜂追着美美跑，用嘴啄她的脖子，表示它们相爱了。"

英杰妈妈："对啦，所以你们看到的小鸽子打架，其实是它们相爱了。"

我："感谢英杰妈妈帮我们解开疑惑，那小朋友们知道'相爱'是什么吗？"

"'相爱'就是想要结婚的意思。""就是抱抱和亲亲。""就是喜欢的意思。""就是相亲相爱，你爱我，我爱你。"……孩子们用自己语言解释着他们对"相爱"的认识。

【教师的思考与支持】幼儿主动寻找小鸽子"奇怪行为"的原因，其中蕴含着他们在饲养劳动过程中形成的责任感和任务意识，因为他们怕小鸽子受伤，他们想让小鸽子开心快乐地生活。我积极利用家长资源，帮助幼儿答疑解惑，不仅满足了幼儿探究的需要，使他们体验到生命的变化与成长的不易，也让家长和孩子们感受到了无比珍贵的亲子之情。

——节选自中班饲养劳动故事《小鸽子的婚礼》

教师：张潇、柳岩

④ 信息资源——亲子共学习

在饲养劳动中，为了培养幼儿的任务意识和探究精神，教师会跟幼儿共同讨论，形成"问题清单"及"调查记录表"，并引导幼儿跟爸爸妈妈一起完成。家长会通过各种途径陪伴孩子寻找答案，如利用电脑查询、观看新闻、阅览书籍、询问他人，等等。在这个过程中，幼儿收获的不仅仅是知识和经验，而且收获了获取信息的途径和方法，体验了跟爸爸妈妈一起学习的快乐。

【案例片段】小鹦鹉喜欢的食物

开学第一天，果果把家里的小鹦鹉带来了幼儿园。刚吃完早餐的孩子们看到鹦鹉，纷纷围了过来，边观察边议论。

泽南："好可爱的小鹦鹉啊！你吃早餐了吗？"

朵姐："小鹦鹉好像没吃早餐。它喜欢吃什么呢？"

果果："它只喜欢吃瓜子。"

光苟："真的吗？鹦鹉只喜欢吃瓜子吗？老师说了，不能挑食。"

嘟嘟："那小鹦鹉还喜欢吃别的什么食物呢？"

听到嘟嘟的疑惑，乐琪跑到图书角找书，想寻找答案，可是没有找到。冰冰说："我回家找书看看，或者问问我爸爸妈妈。"子旭说："对的，我还可以用电脑查，电脑上什么都有。"

【教师的思考与支持】我肯定了幼儿的想法，并鼓励他们回家和爸爸妈妈一起用自己喜欢的方式查询资料，并请他们明天进行分享，旨在引导幼儿在收获经验的同时掌握获取经验的途径。

第二天，月亮、果果和钲钲拿着自己查询资料后的绘画表征进行了分享。他们了解到，小鹦鹉喜欢吃的食物有"瓜子、小米、大米、蔬菜、花蜜、螃蟹和肉"。"我们有什么办法知道小鹦鹉最喜欢吃什么食物呢？"孩子们还是想知道最好为小鹦鹉准备什么食物。他们商量后，决定投放不同的食物，让小鹦鹉自己选择喜欢吃的东西。

第三天，孩子们带来了他们认为小鹦鹉喜欢的食物。月亮从工具柜取来装黏土的小盒子，然后将自己带来的瓜子装满了盒子；果果从工具柜取来了纸杯，将小米和大米装在纸杯中，接着，她用剪刀将蔬菜剪得小小的，装在小碟子里；钲钲将带来的花蜜、螃蟹、肉也放在陶瓷碗中。然后，他们将准备好的食物都放进了小鹦鹉的家里，观察小鹦鹉到底喜欢吃什么。

投放完食物后，孩子们天天趴在柜子上，观察小鹦鹉的饮食情况。经过持续三天的观察，孩子们发现，投放的瓜子和小米被鹦鹉吃完了，蔬菜和大米还剩一些，而螃蟹、肉和花蜜小鹦鹉并没有吃。

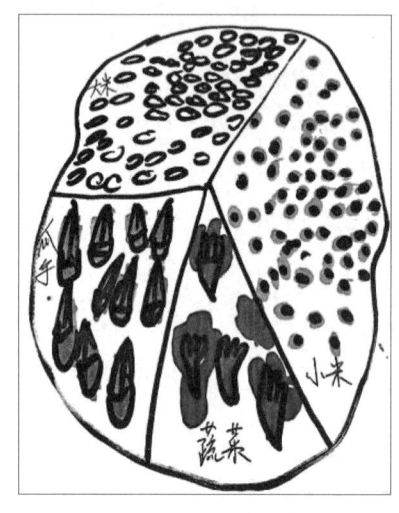

幼儿调查到的"鹦鹉喜欢吃的食物"

【教师的思考与支持】在探究鹦鹉喜欢吃的食物的过程中，我是旁观者和支持者的角色，我认真倾听幼儿对话，鼓励他们大胆发表自己的想法，支持他们和爸爸妈妈一起通过多种方式进行查询，请他们把亲子调查结果带来幼儿园，再通过实践的方式验证他们的猜想。在这个过程中，幼儿不仅深刻体验了生物的独特性和多样性，掌握了饲养活动中根据动物的喜好投放适宜食物的重要性，还掌握了查询资料、解决问题的多种途径和方法。该环节发展了幼儿的思辨能力、探究能力、劳动能力，同时促进了亲子合作，让幼儿感受到和爸爸妈妈一起探究的乐趣。

——节选自大班饲养劳动故事《小鹦鹉的新食盒》

教师：唐春暖

三、饲养后，小结与评价

（一）饲养劳动的交流与分享

1. 班内自主交流与分享

在饲养劳动教育过程中，教师引导幼儿记录他们的发现和经验，使用图片、文字或绘画等形式展示他们的观察、实验结果。在活动结束后，教师组织幼儿回顾整个饲养劳动过程，分享他们的收获和感受，并展示他们的成果。例如，组织幼儿讨论小动物的饲养方法以及饮食、卫生方面的知识，并让幼儿分享自己的观察和实验结果，通过展示小动物的照片、生长记录、饲养日记等方式，呈现小动物的生长过程和变化等。

饲养劳动活动结束后，幼儿不仅可以运用简单的分类、统计方法整理自己的学习作品，再现制作过程，而且可以自信地展示自己的记录表、表征作品，和同伴分享自己的饲养过程和经验。他们可以通过表演、美工作品展示等形式使自己的分享方式多元化，还可以在反思过程中发现自己后续的兴趣和需要，在同伴分享的启发下产生新的想法和创意，并乐意去尝试，制订未来的饲养劳动计划。

此外，幼儿还需要积极地、多元地评价自己或同伴的饲养劳动过程或作品，发现自己的进步以及与他人的不同之处，勇敢地面对自己的不足，在评价过程中进一步提升自己的经验。他们也需要运用工具和材料，用图表、符号、绘画表征等记录方式保存自己的饲养劳动过程，这样，他们就能更好地梳理自己的饲养方法及表达方式，并乐意接受挑战，激发下一步的饲养欲望和热情。

【案例】饲养小鹅后的回顾与交流

在饲养小鹅的过程中，孩子们善于发现问题，积极查阅资料，寻求答案，运用表征作品、经验分享、艺术展示等多种方式记录自己的探究过程，留下了探索痕迹，他们与小鹅之间也产生了更深的情感联系。在回顾交流环节，孩子们分享了他们的艺术表征作品，以及平时参加饲养劳动时拍下的照片，回忆着自己和小鹅各种有趣的活动，回想遇到问题后尝试解决问题的过程与方法。这个环节，不仅促进了幼儿语言表达能力的发展，还提升了他们多方面的学习能力。家长也通过微信群和教师进行互动，及时和教师交流、反馈孩子们的发展情况。如：言言在平时生活中比较内向，小鹅到来后，对言言的生活产生了巨大的影响，她喜欢绘画小鹅，还将小鹅带回家和爸爸妈妈一起照顾，她还会自行创编关于小鹅的故事，逗得家里人哈哈大笑。言言的妈妈这样向教师反馈：感谢老师的付出！孩子回家后经常与我们分享她饲养小鹅的故事，我们都听得津津有味。她还让我一起绘画小鹅，我也乐于去尝试。在此期间，我发现她的想象力很丰富，动手能力也有了很大提升，这令我十分欣慰。感谢老师给孩子锻炼的机会，让她在不知不觉中获得了成长和快乐！

——节选自大班饲养劳动故事《鹅小弟、鹅小妹》

教师：文小嫚

2. 班级互访交流

在饲养劳动的班级互访交流环节，幼儿可以关注幼儿园内不同区域的饲养对象，可以感知不同班级的饲养环境的特征，体验不同主题环境与生活的密切关系。同时，他们还可以用图形、符号等简单标记来制作互访计划和规则，这有助于他们清晰地了解饲养劳动的步骤和注意事项，提高他们的计划能力和执行能力。在互访过程中，幼儿可以对不同班级环境中的不同区域进行细致的观察，并主动尝试操作新颖的材料，体验探究的成就感。他们还可以用自己喜欢的方式记录参访收获，并将其分享给自己班的小朋友，提高总结和表达能力。

在分享与体验的过程中，幼儿始终保持浓厚的兴趣和好奇心，感受互访过程带来的快乐，积极与同伴交流互访体验。此外，他们还可以尝试利用从不同的饲养劳动主题学习中积累的经验来解决生活中的问题，体验解决问题的成就感。

【案例片段】班级饲养劳动互访活动

（1）制订互访计划

有一天，我问孩子们："谁知道其他班都养了哪些好玩的动物？"我以这个话题导入谈话活动，让孩子们知道即将进行班级互访活动，请他们先了解互访活动的内容，并为本班的接待活动设计游戏，合理分配游戏角色。以下是孩子们讨论后确定的内容。

① 选出两名班级礼仪员，负责欢迎每位来访的小朋友。

② 讨论本班的游戏项目及玩法。

③ 选出几名解说者和宣传员，在互访活动期间，方便客人了解我们班的饲养情况。

④ 选出游戏负责人四名，讲述游戏规则，维持秩序。

（2）确定互访内容

① 绘画大比拼。在绘画区的工作人员，给其他班的小朋友介绍绘画小鹅的趣事，一起交流学习。同时，在这个区域内给小客人准备一些笔和纸，让小客人也一起享受绘画的乐趣。

② 手工区。摆放"日落时的小鹅""戏水的小鹅"等绘画作品，让小客人自主欣赏，同时，为小客人提供手工材料，使他们也能创作作品。

③ 饲养区。准备各种各样的食物及喂养工具，满足小客人喂养和抚摸鹅小弟、鹅小妹的需求。

④ 拼图区。设置"小鹅拼图大比拼"游戏材料，大家可以玩拼图游戏。

⑤ 阅读区。与同伴阅读主题书籍、成长故事等，享受闲暇时光的美好。

（3）创设互访环境

组织幼儿讨论互访活动中所需要的各种材料，为互访活动做准备。

① 设计互访海报。孩子们讨论确定海报内容，共同制作海报。

② 介绍互访游戏活动。在商量确定游戏内容后，孩子们根据自己的想法，剪出心中的"鹅小妹"和"鹅小弟"，张贴出游戏内容的图片，方便来访的小客人了解游戏内容，参与游戏。

③ 列出材料清单。根据清单，选取所需的材料、用品，分别投放到各区域，方便大家有序地进行互访游戏。

④ 孩子们自主分区布置班级环境，营造舒适、有趣的环境。

（4）自由参与互访活动

① 班级幼儿自由组合，根据兴趣，到其他班级参访。上午参访，下午在集体活动中分享自己的参访体验。

② 根据既定的分工内容，接待其他班级的来访，使大家有快乐的体验。

③ 活动结束后自主收拾。在互访活动结束时，孩子们秉持"自己的事情自己做"的理念，分工合作，将材料和桌椅摆放到原位，自觉清理场地，保持教室整洁。

④ 分享游戏体验。互访活动当天，组织幼儿分享互访收获，分享在互访中遇到的最有趣的事情，引导幼儿充分交流，产生饲养经验上的共鸣，共同回忆美好的互访经历。

互访活动中，幼儿体验投喂小鹅

——节选自大班饲养劳动故事《鹅小弟、鹅小妹》

教师：文小嫚

（二）饲养劳动的小结与评价

为持续提升学前教育质量，我国在2010年至2021年期间颁发的一系列政策文件中多次强调，要以评价促进幼儿园教育质量不断提升。教育部在2022年2月颁布的《幼儿园保育教育质量评估指南》（以下简称"《评估指南》"）也提出了以科学的教育质量评价推动高质量学前教育发展的新时代要求。

我园结合幼儿饲养劳动生活化、探究性、综合性等特点，以"发展"为核心价值取向，创造性地构建了多层次、多维度、多途径的，家长、教师、幼儿三位一体的饲养劳动幼儿发展评价体系，注重科学、立体、全面地收集评价信息，强调评价的真实性、过程性、动态性和发展性，强调量化评价与质性评价相结合，对课程进行综合价值判断。

1. 饲养劳动教育的评价主体和评价方式

我园运用质性评价与量化评价相结合的评价方式,对幼儿参与饲养劳动的过程进行全方位的立体化评价。一方面,我园根据《纲要》《发展指南》《评估指南》中有关幼儿学习与发展目标、幼儿发展评价的内容及理念,设置了幼儿发展评价方式体系。另一方面,我们鼓励幼儿开展自评与互评,充分调动幼儿、教师、家长共同主动参与饲养劳动评价的积极性,建立"亲、师、幼"三位一体的幼儿园饲养劳动课程评价机制,改变评价主体的单一性,实现评价主体的多元化。

2. 饲养劳动的评价原则

(1) 坚持评价主体多元化与评价方式具象化相统一

饲养劳动教育对幼儿具有综合性发展意义,幼儿园饲养劳动课程设置超越了传统课程主客二元认知的结构,它强调幼儿的主动学习、教师的引导支持、家长的课程参与。因此,经过长期的教育实践,幼儿园饲养劳动课程逐渐形成了"重视幼儿自评与互评、尊重教师分析与评价、赋权家长发声与参与"的"亲、师、幼"三位一体的幼儿园饲养劳动课程评价主体,评价过程三方共同参与、相互支持合作。

坚持评价方式的具象化,是指把抽象的劳动教育评价方式以可操作、可测量的形式表现出来。幼儿园饲养劳动课程评价的方式主要包括:幼儿饲养劳动发展评价量表、学习故事、课程故事、幼儿轶事记录表、观察记录表、成长档案袋及调查访问。各种评价方式与各评价主体之间保持开放的状态,不仅一个评价主体可以有多种评价方式,一种评价方式也可以兼容不同的评价主体。它是幼儿园饲养劳动课程评价目的性与有效性统一的关键。

(2) 坚持过程性评价与结果性评价相统一

幼儿园饲养劳动课程评价注重过程性评价和结果性评价相结合,既包含可检测幼儿饲养劳动目标阶段性达成程度的结果性评价,又包含可随时开展、关注个体差异的过程性评价。

基于不同年龄幼儿饲养劳动教育的内容开展评价,首先应把幼儿在饲养劳动活动中逐渐形成的观察、探索、喂养、照顾等劳动内容与要求置于学前幼儿劳动教育的任何阶段,适时采取过程评价法,随机评价。其次,应将关注幼儿差异性的过程评价和阶段性结果评价结合起来,进行综合考量,以"雷达图"的形式及时跟踪评估,反馈幼儿劳动核心经验的发展变化。因此,幼儿园饲养劳动课程评价体系中,既有关注静态、指向结果评价的每个年龄段幼儿发展评价表,又有关注动态、突出过程评估的倾听评价、观察记录评价、档案袋评价等方法。

(3) 坚持质性评价与量化评价相统一

基于幼儿饲养劳动核心经验的劳动教育评价,应将幼儿在饲养劳动过程中逐渐形成的劳动意识、劳动能力、劳动习惯的现状置于幼儿劳动教育的全过程。幼儿的饲养劳动素养，是在实践的动态过程中，通过丰富的体验和日积月累而逐步形成的，是量变走向质变的过程，对其开展评价，应坚持质性评价和量化评价相结合。质性评价注重对幼儿参与饲养劳动时所表现出的劳心与劳力情况进行质性判定，包括饲养劳动中的观察、探索、劳动意识、劳动能力、劳动习惯五要素；量化评价注重对幼儿获取的外在劳动表现行为进行量化评级、数据分析处理，进而得出相对客观、准确的评价。

幼儿园饲养劳动课程发展评价体系的基本框架

评价工具		评价方法	评价主体	评价类型
幼儿自评/互评		幼儿在饲养劳动活动中产生的自我体验、与他人之间的社会性比较，以及对自我的检验。围绕饲养劳动相关问题展开的中心话题讨论；班级互访活动中的异班饲养劳动体验及幼幼交流；主题活动后的回顾与反思、评价与收藏环节等。	幼儿/同伴	过程性评价、质性评价
倾听		幼儿绘画表征自己饲养劳动过程中的体验和认识，教师倾听、记录幼儿的表达，并与幼儿对话，推动幼儿及教师在个别对话中积极反思自己的饲养劳动经验和教学行为。	幼儿/教师	
观察与记录	课程故事	叙述在饲养劳动课程设计、实施过程及评价过程中所发生的故事，叙述客观，线索清晰，能激发学习、引发反思，并呈现课程发展的关键节点；非结构性观察和记录。	教师/家长	
	学习故事	对反映幼儿饲养劳动品质的学习与发展进行持续的结构性观察和记录，并交流幼儿劳动学习的综合性。	教师/家长	
	幼儿轶事记录表	教师或家长将自己感兴趣，并认为有价值、有意义的幼儿饲养劳动的行为和反应，以及可表现幼儿个性的行为事件，用客观的叙述性语言记录下来。	教师/家长	
成长档案		幼儿成长手册，包括：①幼儿个人简介；②幼儿一日生活精彩瞬间；③饲养劳动主题活动调查表；④主题劳动活动瞬间；⑤幼儿的表征作品；⑥饲养计划；⑦教师的观察记录表；⑧家园共育情况；⑨幼儿饲养劳动发展性评价表；⑩幼儿所获表彰。	教师/家长	
调查访问		教师根据课程需要设计调查问卷和访问提纲，收集家长对幼儿饲养劳动的评价信息。	家长	
幼儿发展评价量表		在主题开展前、后，分别对每位幼儿从2个维度、5个关键指标、38条评价要点进行量化打分，将两次的评价结果形成"雷达图"，进行比较分析。	教师	结果性评价、量化评价

3. 饲养劳动的评价维度和指标体系

我园基于《发展指南》中的幼儿发展要求，结合饲养劳动的综合性特点，从劳力与劳心两大维度，确立幼儿园饲养劳动课程发展评价体系，梳理出5项关键评价指标和38个评价要点，并设置3个评价等级，对幼儿开展总结性量化评价。

（1）基于幼儿饲养劳动根本属性的评价维度划分

饲养活动为幼儿提供了充足的劳动机会，也为幼儿提供了通过探究学习发现问题、制订计划、验证猜测的机会。因而，幼儿进行饲养劳动，是既动手又动脑、既劳力又劳心的过程。一方面，饲养劳动是幼儿面向自然的一种劳动形式，"劳力"是幼儿饲养劳动活动的自然属性。幼儿给动物喂食、喂水、制作棚舍、清扫棚舍和喂食盒、制作饲料等，都需要付出气力，以帮助动物保持清洁、卫生和健康，即饲养过程中蕴含着大量的体力劳动机会。另一方面，饲养劳动也是幼儿获得发展的一种学习载体，"劳心"是幼儿饲养劳动活动的社会属性。幼儿通过持续性的观察与探索，了解各种动物的形态和属性，体验动物的独特性和多样性，感受动物的成长规律，感受动物与植物、与人类生活的关系。

（2）基于幼儿饲养劳动两大维度的评价指标设定

基于幼儿幼儿园饲养劳动课程"劳力"与"劳心"两大维度，我园聚焦幼儿在饲养劳动过程中逐渐形成的满足个体终身发展和社会发展需求的正确价值导向、关键能力和必备品质，形成了"劳力"维度下的"劳动意识""劳动能力""劳动习惯"3个关键指标，以及"劳心"维度下的"观察""探索"2个关键指标。两个维度下的5个关键指标相互联系，相辅相成，是开展饲养劳动活动评价的关键依据。

（3）基于幼儿饲养劳动发展价值的评价要点细化

我园结合幼儿开展饲养劳动的实际情况、关键指标的可操作性、后续的教学改进情况、课程的完善情况等角度进行分析，形成了38条饲养劳动评价要点，构建了幼儿园饲养劳动课程底层评价体系。这38条评价要点，是基于幼儿园饲养劳动课程目标理念的，是对幼儿饲养劳动实践过程中典型经验的评价性提炼，是幼儿在饲养劳动主题活动实施后应收获的劳动素养的具体行为表现，体现了不同年龄段的不同发展水平，是教师评价饲养劳动课程中幼儿发展情况的具体依据。

幼儿园饲养劳动课程发展评价表

评价对象	评价维度	评价指标	评价要点	评价等级		
				3	2	1
小班	劳力	劳动意识	懂得人人都要劳动的道理。			
			在力所能及的饲养劳动实践中体会饲养劳动的快乐与艰辛，初步形成愿意参加饲养劳动、喜欢饲养劳动的态度。			
		劳动能力	在参与完成维持小动物的清洁与卫生、整理饲养环境等劳动任务的过程中，初步了解饲养动物的基本知识、步骤和方法。			
			认识并学习使用、收纳简单的饲养劳动工具，能在成人的协助下学会照顾身边的小动物。			

续表

评价对象	评价维度	评价指标	评价要点	评价等级 3	2	1
小班	劳力	劳动习惯	在饲养劳动过程中不怕脏、不怕累。			
			爱护劳动工具和饲养环境。			
			了解并遵守饲养劳动行为规范和安全要求。			
			在照顾小动物的过程中初步养成积极主动、认真负责的劳动习惯。			
	劳心	观察	观察动物的颜色、形状等典型外显形态和动物的行为特征。			
			观察、模仿成人饲养动物的行为、方法和过程、程序。			
		探索	对饲养对象及其相关现象产生好奇心,愿意运用多种感官探索所饲养的动物的典型特征和行为。			
			观察饲养劳动过程中的事物,获取粗浅的相关经验;关注劳动动作所产生的结果,发展劳动感知能力。			
中班	劳力	劳动意识	懂得认真负责的劳动付出对小动物健康成长的重要性。			
			能积极主动地参与班级饲养劳动,形成主动服务的意识,热爱劳动,初步形成劳动分工意识。			
		劳动能力	会选择使用合适的饲养劳动工具和材料,独立或与同伴共同完成卫生清洁和环境整理等劳动任务。			
			能在日常饲养劳动中发现存在的问题,能选择和运用恰当的劳动技能去解决问题,具有初步的动物饲养能力。			
		劳动习惯	敢于尝试有难度的饲养劳动和任务,不怕困难,坚持不懈。			
			懂得珍惜他人的劳动成果。			
			在饲养劳动过程中养成规范操作、安全劳动、认真负责、专心致志的劳动习惯和品质,有初步的任务意识和责任感。			
	劳心	观察	观察动物的生活习性偏好,如其喜欢的环境条件、饮食喜好、行动特点等。			
			能对动物的生长周期进行长期观察,能进行两种动物的对比观察。			
		探索	关注饲养劳动过程中的问题和结果,具有初步的探究能力。			
			在观察和探索的基础上,尝试进行简单的分类、概括、推理、分析,发现事物之间明显的关联。			
大班	劳力	劳动意识	知道尊重劳动,懂得"一分付出,一分收获"的道理。			
			愿意参与具有挑战性的饲养劳动,在劳动中能主动进行任务分工与协调。			
			初步形成饲养劳动效率和质量意识,增强公共服务意识。			
			认识到人们的生活离不开劳动,懂得"劳动创造美好生活"的意义。			
		劳动能力	根据饲养劳动中的需求和问题,制定相关劳动活动计划。			
			能够熟练使用劳动工具和材料,综合运用劳动技能,尝试解决问题。			
			根据实施过程对计划进行调整与改进,能与他人分工合作开展创造性劳动。			

续表

评价对象	评价维度	评价指标	评价要点	评价等级 3	2	1
大班	劳力	劳动习惯	在饲养劳动过程中主动承担任务,遇到困难能够坚持,不放弃,想办法解决。			
			尊重为他人服务的人,珍惜他们的劳动成果。			
			拥有时间观念,有一定的任务意识及责任感,在饲养劳动中养成吃苦耐劳、有始有终的好习惯,并形成团结合作、创新奉献的劳动精神。			
	劳心	观察	能细致观察动物的某一生活习性或行为问题,并能记录。			
			能针对动物的某一行为习惯开展持续、深入的观察,并做记录。			
		探索	对饲养劳动有广泛的兴趣,能主动发现问题、提出问题,并寻求答案。			
			学习运用观察记录、调查访问、操作实验等多种方法,探究饲养劳动中遇到的问题。			
			了解并探索饲养劳动与自己生活、与周围环境的关系。			

4.饲养劳动评价的运用和评价效果

（1）饲养劳动课程评价的运用

幼儿园饲养劳动课程评价体系坚持评价主体多元化与评价方式具象化相统一、坚持过程性评价与结果性评价相统一、坚持质性评价与量化评价相统一，是衡量和评价幼儿饲养劳动教育效果的主要依据和准绳。我园结合幼儿劳动教育理论、饲养劳动教育实践，创造性地构建了以"多元主体参与、多途径评价方法、多维度评价原则、多层次评价指标"为基础的幼儿饲养劳动评价策略模型，并依据评价模型对幼儿园饲养劳动课程的实施阶段和总结评价阶段开展质性评价与量化评价。评价过程注重幼儿与家长的参与，注重多种评价方法的适宜使用，注重评价反思与改进的作用，旨在提高幼儿的劳动素养，实现以评促教的目的。

教师是饲养劳动课程中幼儿发展情况评价信息的主要汇总者。在主题活动实施前，教师使用幼儿发展评价表对班上每位幼儿的发展情况进行量化评估，掌握其整体发展状态和水平，了解幼儿发展的薄弱点。在主题活动实施阶段，教师基于在日常的饲养劳动中对幼儿的倾听及观察记录，整合来自幼儿和家庭的评价信息，以评判幼儿的发展状态。教师有针对性地不断积累幼儿个体各方面发展信息，进行记录、梳理及收藏，将其汇入幼儿个体成长档案。在主题总结与评价阶段，教师对收集到的三方质性评价信息进行汇总与分析，再次使用幼儿发展评价表对班上每位幼儿的发展情况进行量化评价，最后将两次评价结果形成"雷达图"，对幼儿发展状况进行比较分析，作为日后调整教育教学工作的依据。

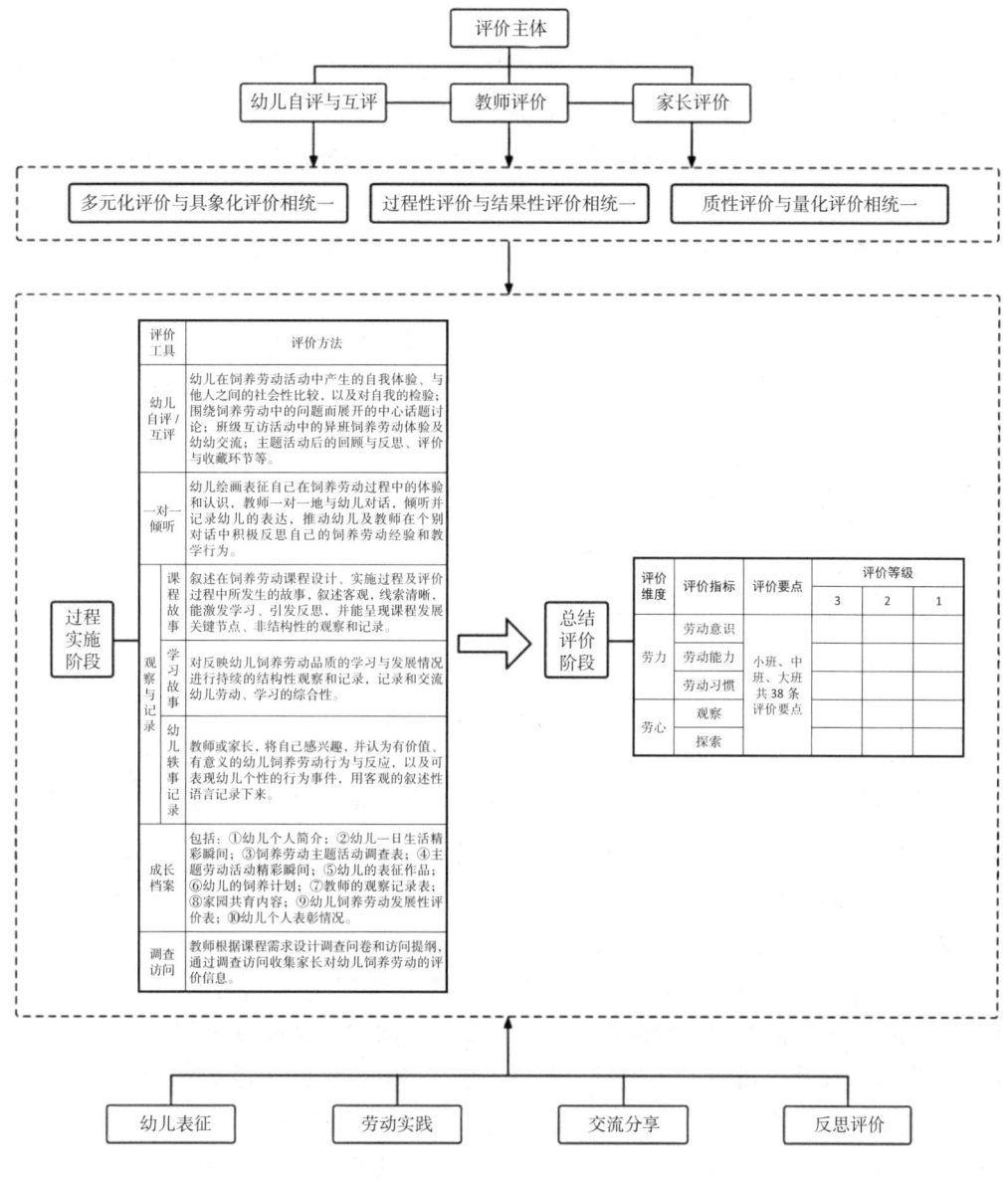

幼儿园饲养劳动课程幼儿发展评价模型

（2）饲养劳动课程评价的效果

① 支持幼儿主动学习，促进幼儿全面成长

幼儿在饲养劳动中拥有大量自我体验、与他人进行社会性比较，以及对自我进行检验的机会，如，围绕饲养劳动中出现的问题展开中心话题讨论，在班级互访活动中进行异班饲养劳动体验及幼幼交流，主题活动后进行回顾与反思，开展各环节的评价等。幼儿在这些评价载体中，以独立学习者的形象充分开展自评与互评。在自评和互评时，幼儿常常会将自己用绘画、符号等记录的表征作品作为媒介，与他人进行分享与交流，这个过程中，幼儿的口头表达能力与书面表达能力均得到很好的发展。同时，在幼儿互评中，幼儿会产生认知冲突，由此会展开比较性评价和自我检测，这能促进幼儿元认知的发展。幼儿在饲养劳动课程评价过程中，能丰富经验知识，体验劳动的付出和收获的乐趣，能激发对科学探究的兴趣，涵养珍爱生命、热爱大自然的情感。总之，饲养劳动课程的评价过程，也是幼儿劳动能力、观察能力、探究能力、思维能力、想象力和创造力综合发展的过程。

② 激励教师反思教学，促进教师专业发展

首先，教师在观察与评价的过程中，灵活运用倾听、观察记录、调查访问、幼儿发展性评价表等评价工具，教师的动态评价意识、反思评价意识均明显增强，评价素养明显提升。教师能够动态收集来自教师、幼儿及家长三方的，反映幼儿实际表现的表征作品，在课程实施的不同阶段，根据评价需求、幼儿已有经验表现和进步空间，运用与每一个阶段相适应的评价方法进行评价，力求展现幼儿的反思与进步，教师的课程反思能力也日趋增强。

其次，在课程推进过程中，教师基于对幼儿行为的观察、识别、反思，着重从饲养劳动的材料、工具、环境上为幼儿提供帮助，支持幼儿通过观察、对话、调查、猜想、推论、行动研究、实验研究等方式，对饲养对象进行多元探索。观察分析幼儿的过程，既是教师自主学习、不断内化相关理念、支持并推动幼儿发展的过程，也是教师自我反思、调整教学策略的过程。教师通过教学反思，形成自己的感悟与方法，并将这种经验持续运用到其他活动中，从而不断提升自身的教育教学能力及专业素养，使自己成为懂幼儿、懂教育，有教育情怀、有职业追求的幼儿发展引路人。

③ 提升家长的教育理念，促进家园和谐发展

在多个评价主体共同参与课程评价的过程中，教师和家长的联系加深了，家园合作地广度与深度也拓展了。在饲养劳动课程实施中，家长有充分的评价机会，他们参与亲子问卷调查，观察幼儿与小动物的互动，撰写饲养劳动故事……家长对幼儿教育的认识提高了，理念更新了。他们不仅会陪孩子一起阅读主题绘本，查阅相关资料，探访动物园、农场、宠物店等场所，与孩子一起调研主题内容，也会担任志愿者，走入课堂，把自己关于饲养劳动的所知所能分享给孩子。很多家长在和教师、孩子一次次的互动对话中习得了尊重幼儿、全面育人的教育思想。教师定期更新幼儿成长档案，并与家长积极交流幼儿在园的成长与进步，真实体现幼儿的学习历程，家长在家中也积极记录幼儿的饲养劳动趣事，如通过拍照等方式记录幼儿观察动物、打扫喂食的情况，并及时反馈给教师。家长作为评价主体，渗透式地参与过程性评价，和幼儿、教师一起享受科学探究的乐趣、幼儿成长的喜悦，家园携手，促进幼儿全面和谐发展。

第三章

幼儿园饲养劳动课程管理

一、幼儿园饲养劳动的学习形式与策略

基于对幼儿"人文底蕴、科学精神、学会学习、健康生活、责任担当、创新实践"全面发展核心素养的思考,我园在开展幼儿饲养劳动教育时,强化幼儿的探究精神和主动意识,主要采取探究性主题活动的形式,通过"讨论与决策""饲养与劳动""总结与评价"三个环节,推进幼儿在饲养劳动中全面发展。经过团队近4年的研究,我们梳理出饲养劳动教育各个阶段的学习形式、幼儿行为表现、教师支持策略及家长支持行为。

幼儿园饲养劳动主题活动的主要学习形式与支持策略(讨论与决策阶段)

第一阶段:讨论与决策	
饲养劳动学习形式	观察和了解相关动物;提出问题;交流讨论;收集资料;表达饲养意愿。
幼儿行为表现	1. 发现自己喜欢的动物,用自己喜欢的方式表达自己的饲养意愿。 2. 积极和老师、同伴讨论关于饲养劳动的话题,在讨论过程中专注听老师或同伴的谈话,愿意把自己的想法分享给大家,敢于说出和大家不同的方法和意见,并喜欢追问"为什么"。 3. 根据自己的意愿选择饲养劳动内容,并大胆发挥想象力和创造力,对饲养对象、饲养方法提出假设和猜想,多途径搜索与饲养劳动主题相关的信息。 4. 根据自己的认知和理解,搜集生活中的饲养劳动材料及工具,对相关材料和工具进行分类或统计。 5. 尝试制订饲养劳动活动计划。
教师支持策略	1. 充分了解幼儿兴趣和已知经验,根据幼儿的兴趣点和已有经验提供讨论方案。 2. 营造讨论氛围,用开放式的提问激发幼儿发散思维,鼓励幼儿大胆表达,了解幼儿的真正想法。 3. 讨论中,关注幼儿对饲养劳动的兴趣点,随时注意调动其已有经验促进幼儿的讨论;记录和总结幼儿的讨论,与幼儿共同确定饲养劳动主题。 4. 鼓励幼儿寻找不同的探究方法,并对幼儿的回答和思考给予积极的回应和支持。 5. 引导幼儿根据讨论内容确定要收集的资料,使幼儿明确收集材料的途径和意义,并告知家长需要收集哪些材料、需要配合完成哪些亲子任务。 6. 帮助幼儿明晰资料收集计划,引导幼儿选择自己喜欢的表达方式记录自己收集资料的过程或收集到的资料。 7. 和幼儿一起整理收集到的饲养劳动材料与工具,将资料分类整理并陈列出来;对于饲养劳动中产生的新问题,引导幼儿再次展开讨论并记录,帮助幼儿明确主题。 8. 引导幼儿采用小组和个别相结合的形式来学习、探究,引导幼儿对讨论过程中的表征作品进行艺术再加工,并将其展示出来。
家长支持行为	1. 发现孩子关于饲养劳动的兴趣点,关注孩子近期发展的需要,并记录下来。 2. 积极和教师进行沟通,提供相关信息。 3. 鼓励和引导孩子在生活中寻找、发现和饲养劳动主题相关的信息。 4. 根据主题活动的需要,和孩子一起收集各种材料及工具。 5. 带孩子去参观相关场所,开阔孩子的视野。 6. 经常带孩子到小花园等户外场地散步、玩耍、自由活动,引导孩子观察花草树木,亲近小动物,发现动植物的特点和变化,激发孩子的好奇心。

幼儿园饲养劳动主题活动的主要学习形式与支持策略（饲养与劳动阶段）

第二阶段：饲养与劳动	
饲养劳动学习形式	制订饲养劳动计划；探索与研究；调查访谈；实地参访；发表与展示；分工与合作
幼儿行为表现	1. 制订饲养劳动主题实施计划。 2. 根据计划，细致、持续地观察，发现饲养劳动过程中自己感兴趣的事情。 3. 在饲养劳动主题学习过程中能大胆猜想，并积极想办法验证自己的猜测，或求助于教师、同伴及专业人士，不半途而废。 4. 在成人的协助下，能够运用问卷调查、实地考察、访谈调查等方法收集相关数据和信息，并用简单的符号、数字、图表、绘画表征等方式记录自己的饲养劳动过程及感受。 5. 能够使用工具完成各种喂养、照顾动物的任务，并能根据动物的需求调整、打造棚舍。 6. 大胆与环境和材料互动，从中学习新知，能关注到饲养劳动对象与环境、材料及生活的关系。 7. 积极与同伴、教师交流讨论自己的发现，敢于用不同的表征和表达方式展示自己的学习过程。 8. 能够与同伴合作进行有挑战性的劳动任务，协商分工，商讨解决问题的策略和方法。
教师支持策略	1. 与幼儿共同制订饲养劳动计划，支持幼儿自主发现问题、解决问题，经常与幼儿分享自己在饲养劳动过程中的新发现，用自己的好奇心带动幼儿，激发幼儿对饲养劳动的兴趣，引领幼儿开展各类饲养劳动主题活动。 2. 创设支持幼儿进行饲养劳动的环境，提供不同层次的多元材料和可持续的学习环境，引导幼儿发现不同的材料、工具，鼓励幼儿运用已有经验解决问题，鼓励幼儿尝试用多种方法来照顾小动物。 3. 提供操作性强、功能多样的低结构劳动材料，满足幼儿在饲养劳动过程中各种探索需要和探究欲望。 4. 提供直尺、卷尺、天平、电子秤、量杯等测量工具以及放大镜等，鼓励幼儿运用多种工具进行劳动和探索。 5. 关注、倾听幼儿在表征过程中的独立思考和感受，及时用观察日志、照片、视频等方式记录幼儿在饲养劳动中的分工情况、探索与发现的过程，以及幼儿的想法等。 6. 为幼儿饲养劳动主题活动的开展提供时空、资源支持，做好物质保障。 7. 协助幼儿做好调查、访谈及参访的准备工作，并帮助幼儿较好地实施这些活动。 8. 及时组织幼儿开展交流分享活动，就突出的问题组织集体活动，根据饲养劳动的实际情况及时调整教育策略；整理和发表幼儿的探究过程，创设相应的环境来展示幼儿的表征作品。 9. 积极回应幼儿的提问和需求，通过持续且深入的师幼互动帮助幼儿保持专注力，对幼儿的学习过程给予积极的肯定和方法上的帮助和引导。
家长支持行为	1. 积极与孩子交流，了解孩子在饲养劳动活动中的经验积累及品质养成情况。 2. 了解孩子在饲养劳动过程中产生的想法，基于教师的建议协助孩子收集资料，收集资料后和孩子进行交流。 3. 根据自己的职业特点，以家长助教的身份积极参与孩子的学习和探索过程。 4. 支持孩子在节假日将小动物带回家饲养，跟孩子一起承担照顾小动物的任务，并对孩子积极的劳动行为进行鼓励与赞赏。 5. 为孩子持续的学习和发现提供支持和帮助，与孩子一起针对饲养劳动主题开展参访和调查活动。 6. 成为孩子学习过程的关注者，能及时记录下孩子的发现。 7. 在家中营造劳动氛围，与幼儿园保持一致的教育，促进孩子养成良好的品质和劳动行为习惯。

幼儿园饲养劳动主题活动的主要学习形式与支持策略（总结与评价阶段）

第三阶段：总结与评价	
饲养劳动 学习形式	回忆与分享；提问和讨论；计划；整理；分析；评量；收藏；建议
幼儿行为 表现	1. 在交流与分享的过程中，始终保持浓厚的兴趣和好奇心，关注学习过程带来的快乐，积极与同伴交流在饲养劳动主题活动中获得的体验。 2. 能利用从不同饲养劳动主题学习的过程中所积累的经验来解决生活中的问题，体验解决问题的成就感。 3. 运用简单的分类、统计等方法整理自己的学习作品，再现制作过程；敢于自信地展示自己的记录表、表征作品，和同伴分享自己的饲养劳动过程和经验。 4. 能回顾并表达自己的饲养劳动过程、方法和收获。 5. 在总结经验的同时，能利用表演、美工作品展示等多元化的分享方式，把自己的经验介绍给同伴。 6. 在反思的过程中发现自己的兴趣和需要，在同伴分享的启发下产生新的想法和创意，并乐意去尝试，制订未来的饲养劳动活动计划。 7. 能积极地、多方位地评价自己或同伴的学习过程或作品，发现自己的进步以及自己与别人不同的地方，能勇敢地面对自己的不足，在评价过程中进一步提升自己的经验。 8. 利用工具和材料，用图表、符号、绘画表征等记录方式保存自己的学习过程。 9. 能发现和自己不同的学习方式和表达方式，并乐意面对挑战，激发下一步的学习欲望和学习热情。
教师支持 策略	1. 对经验水平不同的幼儿给予及时、适宜的帮助，鼓励幼儿在饲养劳动活动中有序观察、主动操作，拓展其劳动经验。 2. 鼓励幼儿结合自己的作品讲述学习过程，鼓励幼儿大胆分享自己在与同伴交流分享中的新发现，主动表述自己遇到的问题和解决问题的方法；幼儿交流分享时，适当追问和提示，引导幼儿发现自己在学习过程中的收获和进步。 3. 根据幼儿的年龄特征和发展水平，对幼儿的交流分享过程进行引导，可分为"学习材料介绍""成功经验介绍"以及"自我小结"等环节。 4. 帮助有困难的幼儿完成对自己学习过程的回忆和整理，通过照片、典型案例的分享过程帮助幼儿形成良好的劳动行为习惯及品质。 5. 帮助幼儿从不同角度正确评价自己或同伴的学习过程和作品，抓住分享契机激发幼儿对于不同饲养劳动内容的兴趣，帮助幼儿在评价的基础上形成新的经验。 6. 结合已完成的饲养劳动主题活动，给予幼儿更深入的引导和启发，激发幼儿下一步探究的热情。 7. 发动家长参与评量过程，多维度地评量幼儿的学习过程；利用幼儿的成长档案收藏幼儿在饲养劳动过程中完成的各类作品。
家长支持 行为	1. 营造轻松、和谐、积极的亲子关系和家庭氛围，经常和孩子针对发生过的事情进行讨论，激发孩子对于回忆、反思的热情。 2. 鼓励孩子对饲养劳动过程中发生的事情发表自己的见解和意见，以身作则地帮助孩子学会欣赏他人，培养孩子积极的心态。 3. 给予孩子方法上的帮助和指引，而不是简单地评判"好"与"不好"。 4. 接纳孩子的不足和思想上的逐步成熟，尊重、理解孩子的年龄特点和成长轨迹，不急于求成。 5. 能发现孩子在成长过程中遇到的困难和问题，不断检讨家庭教育中存在的问题，有针对性地调整教育理念和方法，和孩子共同进步。 6. 把孩子的平面作品（包括绘画作品）、立体作品，以及参与饲养劳动主题活动的视频、布置的饲养劳动环境、准备或制作的饲养劳动材料等，运用信息资源库的形式进行收藏。

二、幼儿园饲养劳动课程的管理与教研

（一）"观察+倾听"，关注游戏价值，做好课程孵化

赋予教师课程自主权，注重观察幼儿的兴趣、倾听幼儿的意愿，基于幼儿的真问题，结合幼儿的年龄特点寻找课程价值，进行饲养劳动主题的预设及孵化。

（二）"教研+审议"，关注支持策略，做好课程推进

园本教研是推动教师专业化发展的有效途径，也是饲养劳动活动开展的有力保障。在饲养劳动课程的推进方面，园本教研及课程审议给予了有效的支持和引领。

1. 教研结构扁平化

我园尊重儿童的兴趣和教师的课程自主权，在管理上力求平等对话、师幼共育、资源共享。我们构建了信息共享和思想互动的平台，每位教师都可以同步看到其他班级师幼共同开展的饲养劳动主题活动，教师之间可以直接对话交流、提出建议、进行评价；在扁平化结构的内部，交织着自下而上的问题导向研究动线（课程建设动线）、同层次异主题深化研究动线（平行班级之间的比较研究动线），以及跨层次同主题比较研究动线（跨班级、跨年段、跨园区的分享交流建议动线）。

（1）自下而上的问题导向研究动线

教师依据幼儿最近的饲养兴趣，和幼儿一起讨论确定饲养对象，年级组、教研室、业务园长均与教师平等商讨课程实施的细节，给予建议，课程的自主权属于幼儿和教师。

（2）同层次异主题深化研究动线

平行班开展的饲养劳动活动可能相近，也可能毫无关联。但是，同一年段幼儿的"最近发展区"相同，其认知水平、操作能力在一个相近的区间内，再加之饲养劳动主题活动后期都有互访环节，所以，年级内部的研讨、平行班之间的互动成为常态。

（3）跨层次同主题比较研究动线

不同年龄段的幼儿，有可能会对同一个内容或现象产生兴趣，从而出现不同年龄段幼儿探究相同或相近主题的情况。例如，春天来了，园里的蜗牛很多，不同年龄段的幼儿都对蜗牛产生了兴趣，计划开展饲养蜗牛的劳动。再如，一个班级开始饲养小兔子，其他年级的幼儿看到了，也提出了饲养小兔子的想法，即便不同年级饲养小兔子的具体的劳动内容不尽相同，但饲养对象相同的劳动活动拥有一些共性，于是，不同年龄段饲养主题相近的班级就参与到跨层次同主题饲养劳动教研中来。

2. 教研管理立体化

（1）"三段六型八策"园本教研路径

"三段"是指活动开始前、活动实施中、活动结束后的三个审议阶段；"六

型"是指开展"理论学习、头脑风暴、活动视导、环境评议、案例分享、质量分析"六种类型教研;"八策"是指从"价值发掘、方案预设、环境支持、师幼互动、问题诊断、材料梳理、家园互动、评价反思"八个方面提供支持性策略。

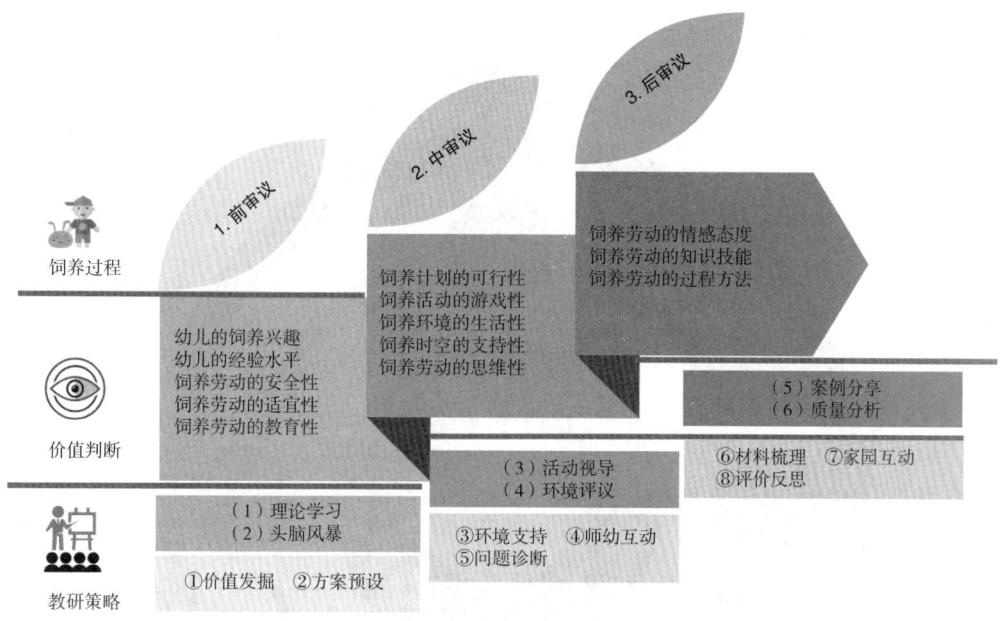

幼儿饲养劳动研究与实践"三段六型八策"教研路径示意图

前审议阶段,重点组织理论培训和"头脑风暴"。主要的教研策略是对主体预案的四级循环审议,以及对已确定的饲养劳动活动所需环境、物质材料支持的审议。

中审议阶段,重点进行过程汇报和问题诊断。每周召开一次年级组教研会,发现各班好的做法,诊断各班存在的问题;每月至少组织一次园级教研会,集中剖析各年级组的共性问题,予以策略支持。这个阶段采取的指导策略,一是查阅教研平台中教师的观察日志、上传的过程性音视频资料,进行即时交流;二是核心组成员或带班导师跟班视导,看饲养劳动活动的开展情况,通过一对一教研,帮助教师打开支持儿童探究的思路;三是环境评议,一般以年级组为单位进行集中评议,重点看主题绘本、主题材料的投放以及主题环境的创设;四是案例分享,每个阶段,各年级组推出一到两个饲养劳动案例,在全园进行分享,为教师提供展示交流和互相学习的平台。

后审议阶段,重点进行饲养劳动的质量分析。此阶段采取的研究策略是家园互动及评价反思。不同类型的教研策略有机融合在核心成员对班级的指导全程中,随着研究的不断推进,教师观察儿童、发现问题、回应儿童、支持儿童的能力得到很大的提升。

（2）建立"四四三"课程审议制度

我园按照"班级、年级、教研室、课程领导组"四个层级，围绕"幼儿、内容、过程、发展"四大维度，将课程贯穿于饲养劳动的前、中、后三个阶段，建立了由下至上、纵横交织、循环优化、动态管理的审议制度。

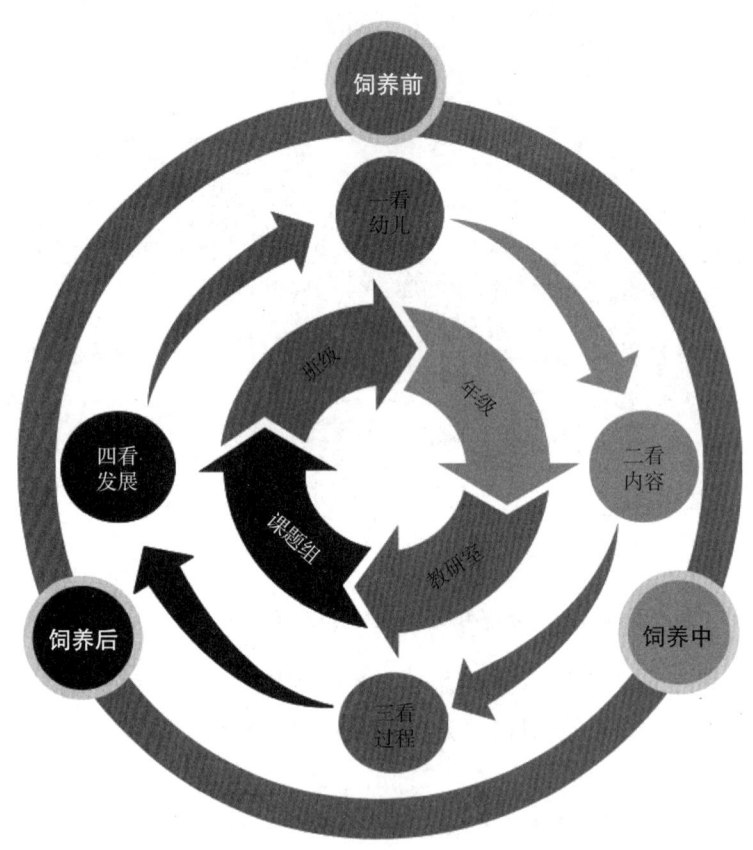

饲养劳动"四四三"课程审议制度示意图

（三）"建档+评价"，关注反思优化，提升课程质量

科学合理的评价有利于促进幼儿、教师及课程质量的发展。我园用质性评价与量化评价相结合的方式，对幼儿饲养劳动进行过程评价。我们开发了园本化的饲养劳动评价工具，利用信息化管理内网收集教师观察日志、幼儿成长档案，以及饲养活动照片、视频等，支持管理层、教师、家长共同参与评价。活动结束后，教师将所有过程性资料整理归档，纳入信息化管理内网，完整呈现饲养劳动实施的全过程，供教师间相互学习，引领课程内容升级改造，拓展与推广饲养劳动教育经验。

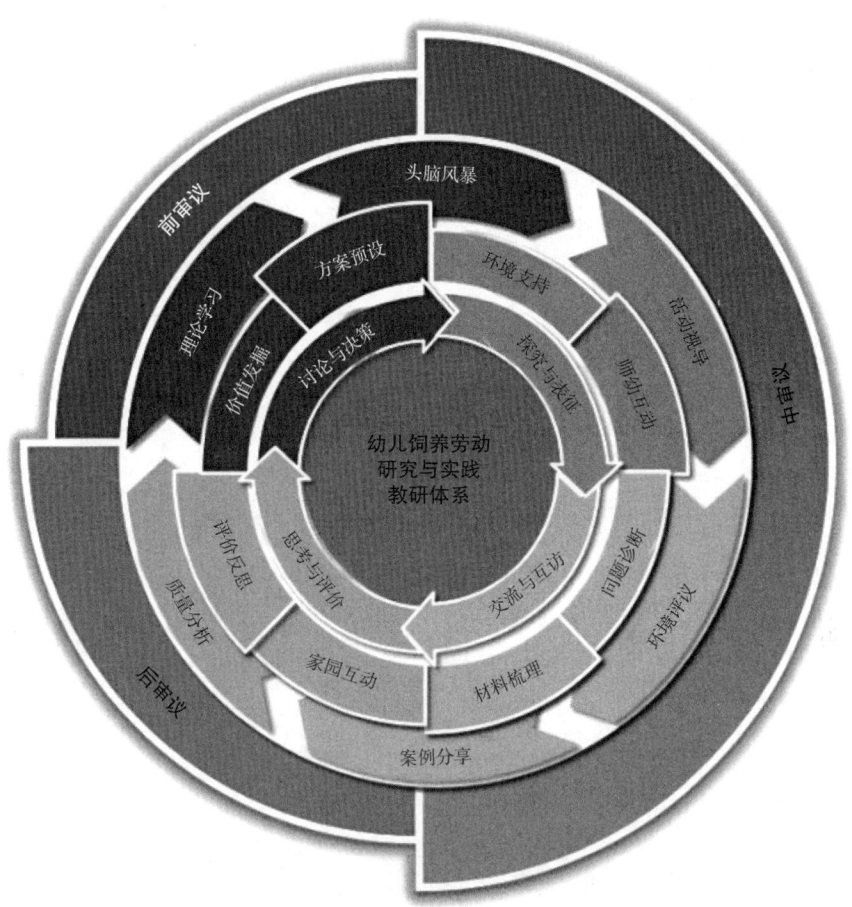

幼儿饲养劳动研究与实践教研体系

第四章

幼儿园饲养劳动实践案例

一、蚕宝宝变形记

（一）讨论与决策

开学初，我与孩子们一起讨论家里饲养的小动物，澜晰小朋友说在家饲养了蚕宝宝，这引起了大家的关注。

欢欢："蚕宝宝长什么样子呀？"

彬彬："蚕宝宝是毛毛虫吗？它不会咬人吗？"

桐语："我们能不能看看它呀？"

在大家的提议下，第二天，澜晰把家里的蚕茧带到幼儿园，孩子们更好奇了。

畅畅："这是蛋吗？你不是说蚕宝宝是长长的吗？"

澜晰："蚕宝宝在里面睡觉呢。"

宸毅："睡觉？没有空气，它不会闷死吗？"

羽茜："那它要睡到什么时候呀？（茧）这么小，它怎么睡得下呢？"

澜晰："它睡很久后就会出来了，蚕宝宝就会变成飞蛾啦。"

悠悠："我们养蚕宝宝吧，我想看它是怎么长大的。"

我："你们确定要养蚕宝宝吗？你们会照顾它吗？"

澜晰："我们家有桑叶，我给它带桑叶。"

傧傧："我会给它扫便便。"

在一番讨论之后，我请澜晰简单地向大家介绍了照顾蚕宝宝需要做的事情，孩子们争抢着认领自己可以完成的任务。

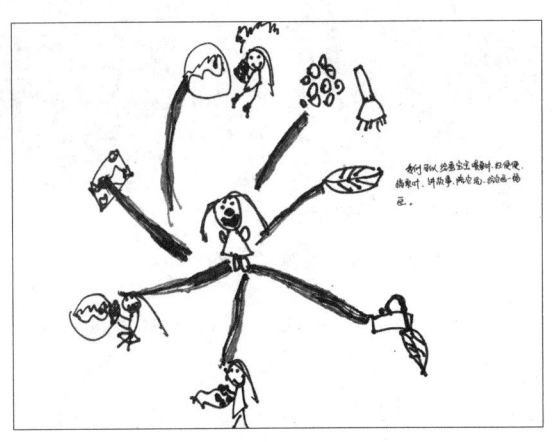

幼儿制订饲养蚕宝宝的计划

【教师的思考与支持】陈鹤琴先生曾说过："好奇动作是小孩子得着知识的一个最紧要的门径。"幼儿的好奇心需要我们悉心呵护，其探索欲更需要我们去成全。面对蚕茧，幼儿充满热情，疑问不断，于是我决定追随幼儿的兴趣，在这春暖花开、万物复苏且适合蚕宝宝生长的春天,一起把可爱的蚕宝宝请到小一班,让幼儿与蚕宝宝共成长。

(二)饲养与劳动

从蚕卵到蚕蚁再到幼虫,蚕宝宝在小朋友们的精心照料下成功孵化,并慢慢地长大啦!为了让蚕宝宝吃得更健康,孩子们采桑叶、洗桑叶、剪桑叶、喂桑叶;为了让蚕宝宝有更舒适的环境,孩子们每天清理蚕沙、打扫蚕槽。蚕宝宝一天一天变大,大家看到自己的劳动付出有了收获,非常开心,在他们的交流中,可以感受到他们充满了成就感和自豪感。

1. 哪只蚕宝宝最长

一天,孩子们又来照顾蚕宝宝。伊伊说:"我们组的蚕宝宝长得最长,比我的中指还要长呢,芷菀她们组的蚕宝宝,只跟我的小手指一样长。"

我:"你的小手真是一把神奇的尺子。除了用手量,还有别的办法可以比较谁的蚕宝宝长吗?"

可乐:"把它们放在一起比一比就知道啦,但是蚕宝宝不能弯着。"

子妍:"还可以用小木棍来量一下,我也想量量我的蚕宝宝长得多长了。"

我:"你们可以自己寻找不同的工具来量一量,也可以用其他的方法比较一下,看看哪只蚕宝宝长得最快。"

幼儿测量蚕宝宝的长度

在我的建议下,孩子们马上行动起来,有的从材料区拿来吸管、冰棍棒,有的从工具柜拿来水彩笔、线绳等,认真地"量"了起来。

哲哲找到了圆形的纸杯,羽茜找到了直直的尺子,他俩比赛,看谁先找出"最长的蚕宝宝"。哲哲将纸杯放到蚕宝宝旁边,但纸杯圆圆的,怎么都测量不出蚕宝宝的长度。羽茜拿着尺子找,很快就找出了养在簸箕里的最长的蚕宝宝。我请羽茜将又快又准确地找出最长的蚕宝宝的方法进行了分享。在听了羽茜的分享后,孩子们都能够结合自己对蚕宝宝的观察,有目的地去寻找适合用来测量蚕宝宝的工具了。这时，更多孩子注意到了我在工具柜里提供的软尺、直尺、木棍、笔、雪糕棒等材料，并使用起来。他们在实际操作中，不仅了解了长且直的材料或工具比较适合用来量蚕宝宝的长度，而且懂得了软尺、直尺是有刻度的测量工具。

【教师的思考与支持】在养蚕劳动中，幼儿亲历了生命的生长变化，感受到了生命的神奇力量，对小动物建立了自然的、亲密的情感。在观察和照顾"毛毛虫"的过程中，幼儿对"谁的毛毛虫更长"产生了兴趣，并产生了探究"毛毛虫"长度的欲望，这是一个非常好的帮助幼儿积累"自然测量"这一数学经验的教育契机，于是，顺应幼儿的好奇心，我引发了幼儿寻找生活中的测量工具、了解测量工具的特点、运用不同的材料与工具进行测量的探究行为，帮助幼儿形成初步的测量意识，引导幼儿学会使用工具来解决问题，促进幼儿思维和动手能力的发展。

2.蚕宝宝的"新家"

在测量活动之后，孩子们对两条最长的蚕宝宝十分关注。在前期的调查和分享活动中，孩子们已经知道了蚕宝宝即将吐丝时的样子，以及吐丝的时候要住在"带有弯弯角的家"里，于是，当他们看到两条最长的蚕宝宝的脑袋都抬起来了，身体颜色还变黄的时候，开始了一场新的讨论：用什么材料来给蚕宝宝制作"新家"？

沐沐："我们可以用一个纸盒子做蚕宝宝的新家，纸盒子的边上就是尖尖的。"

桐语："还可以用纸给蚕宝宝折一个带'弯弯角'的新家。"

米米："用积木给蚕宝宝搭一个带角的家。"

……

孩子们争先恐后地表达着自己的想法。

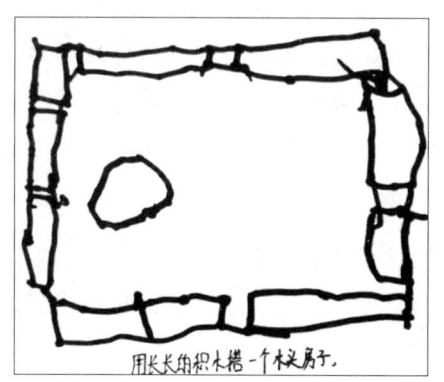 

蚕宝宝的"新家"设计图

为了培养孩子们在饲养劳动中的任务意识，我建议他们回家后跟爸爸妈妈一起给蚕宝宝做个"吐丝房"，为蚕宝宝打造一个新家。

两天后，蚕宝宝的"吐丝房"陆续来到了幼儿园。孩子们跟爸爸妈妈一起为蚕宝宝制作了小船房、纸筒房、竹子房、盒子房、树枝房等"吐丝房"，各式各样。他们兴奋地围在蚕宝宝的新家周围，谈论着自己跟爸爸妈妈一起制作"吐丝房"过程中有趣的事情。

宸毅："这些小房子是我粘在一起的，妈妈剪，我来粘。"

羽茜："我爸爸剪纸箱的时候我也帮忙了，上面的画是我画的。"

澜晰："我跟爸爸一起捡的树枝，帮蚕宝宝搭了漂亮的房子。"

沐沐："这个盒子是我找到拿给妈妈的，妈妈就用它做了房子。"

……

看得出来，孩子们都积极地为蚕宝宝新家的创设"出谋划策"，付出了自己的劳动，他们都为蚕宝宝能够顺利吐丝结茧尽着自己的努力。

在"转运"蚕宝宝的过程中，孩子们对蚕宝宝更是呵护有加，展现出极大的爱心和耐心，言语和行动无不流露出对生命的珍惜和热爱。

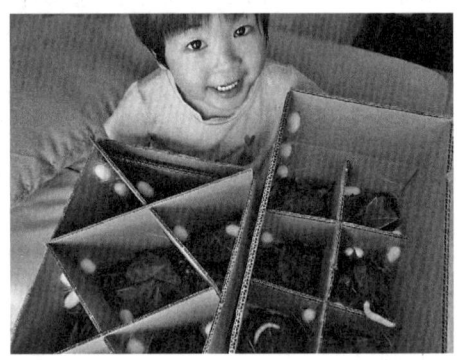

蚕宝宝的"新家"

3. 观察记录"茧—蛾"的历程

住到新房子里的蚕宝宝陆续结茧了，孩子们每天都要去看无数遍，他们迫切地想知道"蚕蛾什么时候出来"。于是，我请爸爸妈妈们给孩子们提供了日历，我引导孩子们每天用放大镜观察蚕茧，然后取来蜡笔，在日历上记录蚕茧的状态。在观察和记录中，大家期待着蚕蛾从蚕茧里出来。

【教师的思考与支持】当幼儿提出"蚕茧变成蚕蛾需要多少天"这个问题时，我抓住契机，引导他们利用日历统计天数，让幼儿初步感知生活中简单易操作的统计方式，在饲养劳动中促进幼儿数学思维的发展。

孩子们连续观察，坚持记录，终于等到了蚕蛾破茧而出的这一天！孩子们把他们经历的、看到的记录下来。这个过程给予孩子们的不仅仅是"蚕蛾飞出来了"这个结果，更多的是欣喜和自豪感，孩子们坚持用自己的方式进行观察，发现了答案。我相信，孩子们用努力和行动自主破解的关于"蚕蛾破茧"的秘密，建构的相关经验，会让他们牢记一生。同时，在这个过程中形成的良好品质，也会让孩子们在未来的学习道路上受益无穷。

 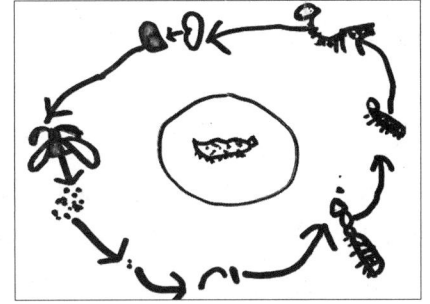

幼儿记录蚕从结茧到蛾破茧而出的时间　　　　幼儿记录蚕蛾破茧的过程

4. 蚕茧抽丝大体验

蚕蛾飞出来了，"吐丝房"里剩下空空的蚕茧。

米米："这个蚕茧好滑呀，妈妈说她的丝巾就是用蚕丝做的。"

皓轩："我们家的蚕丝被也是用蚕丝做的。"

哲哲："都是用这个蚕茧的丝做的吗？"

桐语："对啊，我爸爸说这个蚕茧是可以抽丝出来的。"

光舜："这个蚕茧已经破了，不能抽丝了，没有飞出蚕蛾的蚕茧才可以抽丝。"

【教师的思考与支持】幼儿有了不一致的想法，对"什么样的蚕茧可以抽蚕丝做丝织品"产生了好奇。这正是一个让他们了解自然与生活关系的好机会。考虑到小班幼儿的认知特点和水平，我从网上找了一段关于抽蚕丝的视频，在集体活动中

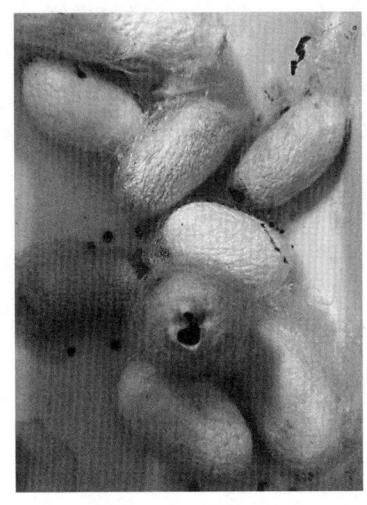 

蚕蛾飞走后留下的蚕茧

跟幼儿一起观看、讨论，帮助幼儿初步建立了对抽蚕丝工作的认知，他们知道了，从完整的蚕茧上抽出的蚕丝才可以用来制作丝织品。面对新奇的蚕丝，幼儿的好奇心再次被点燃，他们对抽蚕丝的方法、蚕丝的用途充满兴趣，有的幼儿说自己也想抽蚕丝。为了满足幼儿的探究欲望，我联系家委会，组织了亲子户外研学活动，带幼儿到桑蚕基地参观体验，让幼儿在社会实践中初步了解抽蚕丝的过程。

在桑蚕基地，孩子们先是在讲解员叔叔的带领下，观看了许多蚕的标本，接着，他们开始体验抽丝活动。

在抽丝前，哲哲学着从视频中了解到的方法，先把蚕茧在热水里泡一会儿，让上面的胶溶解一下，然后再与爸爸配合进行抽丝。

伊伊边抽着蚕丝边说："蚕丝看起来很细，但是它很结实呢。"

已经完成抽丝工作的光舜紧紧跟着讲解员叔叔，认真听着关于蚕的各种知识，不一会儿，他跑回来，用惊奇的语气说道："那个叔叔说，一只蚕宝宝的丝有1200米，比我们所有人手拉手还要长呢！"

彬彬补充道："刚才叔叔还说，我们盖得很舒服的被子，好多都是用蚕丝做成的。"

幼儿用抽丝机抽蚕丝

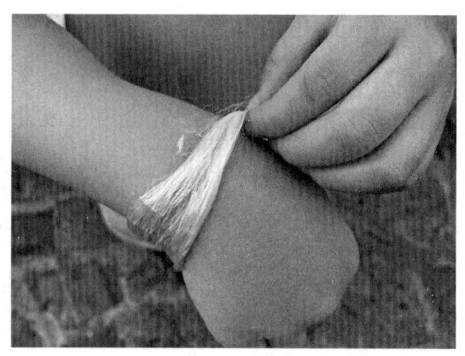
幼儿抽出的完整蚕丝

【教师的思考与支持】在桑蚕基地，幼儿观看了蚕的标本、聆听了农户养蚕的经验、体验了抽丝剥茧的过程、触摸了形式多样的蚕丝制品，体验感十足，收获满满。我深深感受到幼儿的好奇心和内在的认知需求，长达一个小时的泡蚕茧、挑蚕线、抽蚕丝的实践过程，他们居然都坚持完成了，并且他们一边参观、操作，一边感叹着蚕宝宝的了不起。在这次体验中，幼儿既感受到亲子合作、同伴合作的力量，又体会到蚕与人的生活、人的生活与大自然之间的密切关系，他们热爱生命和自然的情感更强了。

（三）总结与评价

1. 我们的互访

蚕宝宝饲养活动已进入尾声，我班孩子们迫不及待地想向别人介绍蚕宝宝神奇的变形历程，也很想知道其他小动物都发生了哪些有意思的事情。于是，我和孩子一起，把教室布置成"蚕宝宝博物馆"，一场关于互访活动的讨论和行动开始了。

互访活动的区域布置　　　　　　　　互访活动的区域牌设计

互访活动持续了两天，孩子们共分为六组，轮流参访其他班级，并接待其他班级的来访。负责接待的孩子都明确自己的分工，热情、耐心地做好接待区的工作，负责介绍的小讲解员更是滔滔不绝地向来访者介绍蚕宝宝神奇的变身过程。最令人感动的是，在互访活动中，孩子们充满自信，可以看出他们对蚕宝宝的喜爱之情，以及他们作为小主人的那份自豪感与责任感。

讲解员向来访者做介绍

互访活动结束后，孩子们不仅用简单的图画表现自己遇到的趣事，还积极主动地与同伴分享自己的参访感受，氛围轻松愉悦。

幼儿分享互访感受

2. 我们的回顾

（1）幼儿的收获

陪伴我们一个多月的蚕宝宝陆陆续续结茧成蛾，在和幼儿一起观看饲养过程的照片和视频时，我发现，他们能如数家珍般介绍每一张照片所包含的故事、这个故事参与的人员，说到有趣之处，大家还捧腹大笑。每一句稚嫩、充满童趣的语言，都真实地记录了幼儿的饲养过程、劳动体验，充分体现他们在饲养过程中收获的成就感与自豪感。

在照顾蚕宝宝的过程中，幼儿通过前期准备、做标记、猜测、观察、比较、持续记录、主动查阅资料解决问题等行动，亲身参与蚕宝宝的"变形"过程，在饲养活动中愿意主动承担自己力所能及的任务，和同伴相互配合，为蚕宝宝提供最好的照料。同时，幼儿从开始时的好奇、不敢触碰，到熟练地照顾蚕宝宝，体验了蚕宝宝生命周而复始的过程，收获了科学养蚕的知识，从内心生发起对生命的热爱，从而产生了爱护动物、亲近大自然的美好情感。

（2）教师的成长

刚开始，当幼儿提出要养蚕时，我是比较忐忑的，因为大家都没有养蚕经验，甚至还很怕这种软体小动物。但在饲养过程中，我也被幼儿的热情和细心感动着，很快融入整个活动。在"蚕宝宝变形"的整个过程中，我每天都会针对幼儿的学习过程和行为进行考量和反思，思考自己在材料、环境及有效的引导上应给予幼儿什么样的支持。比如，蚕宝宝快吐丝了，我应如何结合幼儿的发现创设适宜的环境，以支持幼儿观察蚕吐丝结茧的过程？应怎样引导幼儿感受生命成长的神奇和不易？同时，从幼儿平时的提问中，我体会到：教师重视什么，幼儿就会反馈什么。所以，我会鼓励幼儿提出问题，但并不是所有问题都由我来解答。我所做的，是把幼儿的问题分类——哪些问题是幼儿自己可以通过探索来解答的，哪些问题是一定要查阅资料、获得科学经验才能解答的，哪些问题是教师可以解释的，哪些问题是可以借助家长资源来解决的。充分利用家长资源是推动活动持续深入进行的重要策略，这不仅可以激发幼儿的兴趣和思考，将幼儿的饲养热情推向高潮，还可以增加家长与孩子的交流机会，增进亲子情感。

3. 我们的评价

"蚕宝宝变形记"是一个由幼儿兴趣生成、不断追随幼儿问题而延展，最终又回归幼儿生活的饲养劳动课程。从蚕卵到蚕蛾，再到新的蚕卵，这是一个漫长的生命过程，也是让幼儿惊喜不断、收获不断的过程。其中，有劳动技能的收获，比如，在照顾蚕宝宝的过程中，幼儿学会了清扫、整理、搭建"吐丝房"。有探究能力的收获，比如，在寻找蚕蛾死亡的原因时，幼儿知道了可以查找资料、做调查、问专家，并在探究中学会用做标记、绘画等方式来呈现自己的问题及发现。还有表达能力的收获。通过每日的观察与交流分享，幼儿的语言表达能力日渐提高，他们还模仿绘本《猜猜我有多爱你》为蚕宝宝创作了一首儿童诗。不过，对于小班幼儿来说，最重要的还是在这个过程中亲身体验到了如何用自己的实际行动去关爱身边的人和物的情感，切身感受到了生命教育的意义，初步了解和体会到动植物和人们生活的关系，更加懂得了保护动植物、保护环境的重要性。

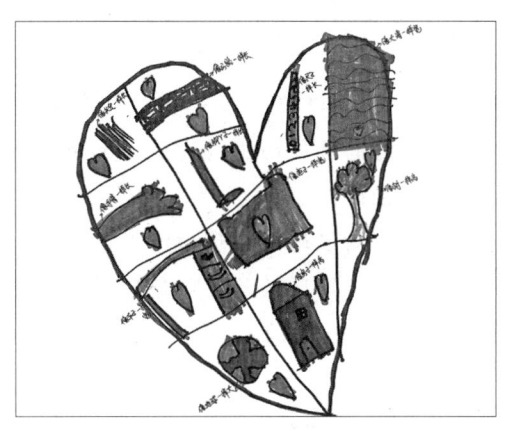

幼儿对蚕宝宝爱的表达

收藏好幼儿的作品，既是教师对幼儿学习成果的尊重，也是教师评价儿童成长状况和评价课程的重要依据。我们给每个幼儿准备了一本"养蚕档案"，记录每位幼儿与蚕宝宝的互动痕迹和爸爸妈妈的寄语。比如，当蚕宝宝排出的蚕沙越来越多、需要的桑叶也越来越多时，幼儿自发进行小组合作，更高效地完成每日的清理工作；当蚕宝宝一天天长大后，幼儿会用自己的方式记录蚕宝宝的"变形"过程；等等。这些都是幼儿最珍贵的成长资料。

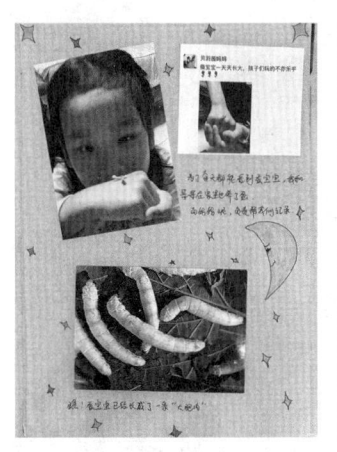

幼儿成长手册

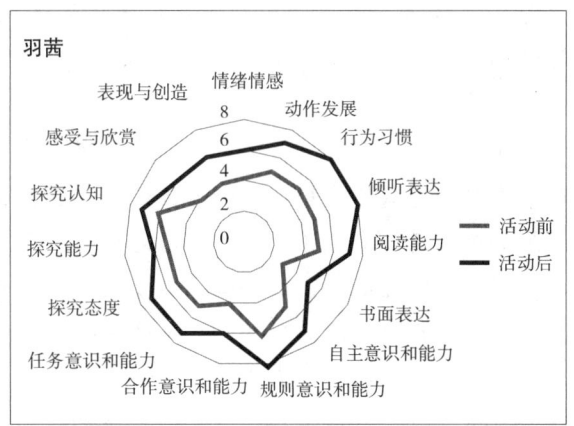

幼儿发展评价"雷达图"

同为饲养活动参与者的家长，也与我们展开了频繁的互动。他们会记录蚕宝宝周末在家里的生活，当被孩子的行为感动时，也会不由自主地记录当时的感想，及时与老师和其他家长进行交流和分享。比如，羽茜妈妈向我们反馈，最开始她是拒绝让羽茜周末领蚕宝宝回家的，因为家里人都比较害怕软体动物，但后来，是羽茜的坚持与爱心"治愈"了她对软体动物的恐惧，她认为，成人应该支持幼儿的学习，给幼儿提供劳动的机会。桐语的妈妈，每周末都会以图文形式记录蚕宝宝的周末生活，她说，每次桐语只要认养了蚕宝宝，家里人都别想睡懒觉，因为桐语早上六点就会起床，为蚕宝宝准备食物，还要给蚕宝宝讲故事、弹钢琴，让人哭笑不得，又充满感动。

回顾整个饲养主题活动的实施过程，有一些地方我觉得还可以更为完善。比如，饲养环境没有及时跟随主题的开展而进行更新，如果在蚕宝宝吐丝结茧阶段，我们能收集更多的生活中常见的丝织品、蚕茧艺术品，师幼合作，将教室打造成"丝绸博物馆"，就可以更好地增强幼儿与环境的互动体验。此外，在饲养劳动过程中，我对幼儿的饲养观察记录活动所做的引导还不够，怎样引导幼儿持续且有效地进行观察记录，是我下一步需要改进的地方。

【案例评析】

"蚕宝宝变形记"主题饲养活动的推进过程，实质上是一个对话的过程，其中，有教师与幼儿的对话、幼儿与幼儿的对话、幼儿与材料的对话、幼儿与家长的对话。在这些对话中，幼儿的饲养热情、教师的有效推动，都影响着家长的教育观。在活动中，教师始终以幼儿为本构建课程，尊重幼儿学习的规律，引导幼儿从实际关心的问题出发，与家长共同支持幼儿在劳动过程中开展科学探究，真正把家长变成课程活动的有力伙伴，也因此，家长非常愿意与教师一同收集丰富的材料，一同聆听孩子，慢慢地学会记录孩子的语言、发现教育契机。在蚕宝宝吐丝结茧时，有能力的家长，利用家中的纸杯、纸筒、纸盒、纸板等材料，给蚕宝宝搭建"吐丝房"，给孩子树立劳动和学习的好榜样；家长们还与孩子们一起参加在桑蚕基地的研学活动，让每一名幼儿充分参与、体验和发现，感受动植物与人类生活的密切联系。

《3—6岁儿童学习与发展指南》指出，教育者应支持幼儿在接触自然、生活事物和现象中积累有益的直接经验和感性认识。在饲养蚕宝宝的主题活动中，幼儿通过每天悉心照顾这些弱小的生命，慢慢地感受到生命的可贵，体会到成人照顾自己的不易。同时，幼儿通过亲身体验、实际操作、观察探究、记录、查阅资料等不同的方式，了解了蚕宝宝的外形特征、生活习性、生长过程、繁殖与死亡，增强了自己的任务意识、劳动意识，劳动能力也得以提升。

（课程组织者：肖荟；指导教师：李虹丽）

二、爱生蛋的芦丁鸡

（一）讨论与决策

寒假中，嘉懿小朋友回老家，老家养的几只鸡每天都生蛋，他非常兴奋和开心，让爸爸把小鸡生蛋的视频分享到班级群。孩子们看完视频后，在群里用语音热火朝天地交流和讨论。

嘉懿："你们看，这是我们家的鸡生的蛋，有这么大！"

浙雯："你家的鸡是红色的，跟我见过的不一样耶。"

美熙："跟小二班的也不一样，小二班的鸡是黑色的。"

祺云："我在抖音上看到芦丁鸡是很小很小的鸡，只有手掌那么大！"

大家不相信祺云的话，说鸡不可能只有那么小，于是，轩轩提议，开学后一起孵芦丁鸡。

为了满足孩子们的好奇心及探索欲望，我在网上买了芦丁鸡的蛋和孵化箱，给孩子们提供了饲养劳动的工具和材料。新学期，我们和芦丁鸡之间的温暖故事拉开了帷幕。

我："孵化芦丁鸡，我们需要做什么呢？"

乃耀："需要买孵化箱，我看到小二班孵小鸡时就用了。"

宝泽："我们得安装电灯泡，不然芦丁鸡太冷就出不来（孵不出来）了。"

泓宾："孵芦丁鸡，要多长时间（鸡）才能从鸡蛋里出来呢？"

我感受到孩子们对芦丁鸡孵化非常好奇，但我并没有直接告诉他们答案，而是给他们布置一项亲子作业，鼓励他们回家和爸爸妈妈一起去查找资料、上网搜索、咨询他人，并在群里分享他们了解到的知识。一方面，意在让孩子们了解芦丁鸡的孵化方法，激发他们饲养芦丁鸡的责任感；另一方面，希望孩子们在收获经验的同时，掌握获得经验的方法。在与爸爸妈妈的互动中，孩子们用绘画的方式把查找的答案记录下来，大胆地在集体面前分享和交流。

"孵蛋"的物质准备

（二）饲养与劳动

1. 安装孵化箱

孵化箱到了，4名小男生一起帮忙将其搬到教室里。安安用剪刀打开包装外壳，大家看到了一堆零部件，都愣住了。

涵涵："要怎么安装呢？"

宝泽："看说明书呀！我拼乐高都是看步骤图的。"

于是，美熙翻出了图纸，孩子们就像搭积木一样，先把零部件按说明书的步骤拼起来，可是一点都不牢固，还没等拧螺丝，零部件就散开了。这时，睿睿说："我们搭好一个就马上拧上螺丝，再搭下一个。你们看，步骤图上（的步骤）是有顺序的呀。"孩子们按照睿睿的方法耐心地安装，反复尝试，用了大约一个小时的时间，终于把孵化箱安装好了！最后，我协助他们给孵化箱插好了电源，加上了水，为孵化活动做好了准备。

【教师的思考与支持】在幼儿安装孵化箱的过程中，我默默地在一旁观察。幼儿讨论、尝试，在尝试中遭遇失败，所用的时间有点长，但幼儿都没有退缩和放弃，仍坚持自己动手安装好了，他们的专注和坚持性打动了我。同时，我也感受到幼儿心中充满了劳动后的喜悦感和成就感，因为这个过程进一步提升了他们发现问题和解决问题的能力。

2. 给蛋宝宝做记号

经过几天的长途跋涉，芦丁鸡蛋宝宝也终于来到了我们班，孩子们看着蛋宝宝，兴奋不已。

涵涵："刘老师，这些蛋长得都一样，小小的。"

我："那要怎么区分它们呢？"

柏羽："可以给芦丁鸡的蛋宝宝做标记，就像我们之前孵乌龟蛋那样。"

基于上一次孵小乌龟的经验，孩子们决定用符号来标记每颗蛋，在每颗蛋上画上不同的图案标记，这样就不会把它们搞混了。与此同时，我向孩子们抛出了一个

 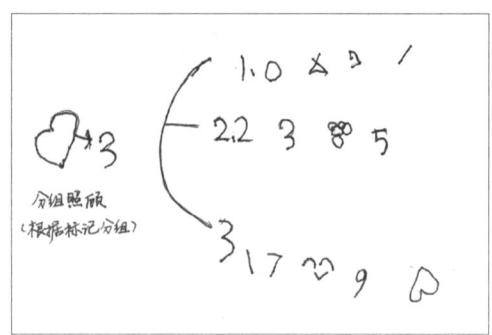

幼儿给蛋宝宝做上标记

问题:"那谁来照顾蛋宝宝呢?"经过讨论,孩子们决定以小组分工的方式来照顾蛋宝宝,每一组负责照看4颗蛋,做好每天的观察记录。大家约定了分工,4组的小组长就小心翼翼地把蛋宝宝都放入孵化箱,芦丁鸡孵化行动正式开始。

【教师的思考与支持】幼儿借鉴之前孵化乌龟蛋的经验来开展芦丁鸡蛋孵化活动,为识别不同的蛋宝宝而给蛋宝宝做上了标记,还根据蛋宝宝的数量来分工,合作照顾蛋宝宝。在这个过程中,我看到了幼儿的合作意识。他们的一个个举动就是一次次参与劳动的机会,能很好地激发他们的任务意识和责任意识。

3. 孵蛋进行时

一天,安安领着几个小伙伴火急火燎地向我跑来,大声说:"刘老师,为什么孵化箱一直嘀嘀嘀地响?是不是坏了?"

针对这个概况,我组织孩子们开展集体谈话活动,期望能调动孩子们的已有经验来解决问题。

我:"你们还记得孵化乌龟蛋时了解到的注意事项吗?"

雏雅:"要注意温度,不能太高,不然芦丁鸡就孵化不出来了。"

美熙:"王老师说,要注意观察孵化箱上的这个感叹号。"

轩轩:"我们还要照蛋,观察蛋宝宝。"

这次交流旨在帮助孩子们回顾已有的孵化经验,于是,我和他们一起梳理、总结孵芦丁鸡蛋的注意事项和要求。

① 每天都要去看看孵化箱上的警报器"!"有没有亮红色。

② 如果"!"没有亮起,孵化箱也没有发出嘀嘀的响声,那说明孵化箱一切正常。

③ 如果"!"亮起,孵化箱发出嘀嘀的响声,那么就要检查孵化箱里的温度是不是过高了,是不是需要打开通风,或者是不是湿度偏低了,需要加水。

④ 每隔4个小时翻一次蛋,记得要轻轻地翻,不能摇来摇去,不然里面的蛋黄就会坏。

⑤ 孵化箱内的温度要保持在37.8℃,湿度稳定在70%左右,才能孵出芦丁鸡。

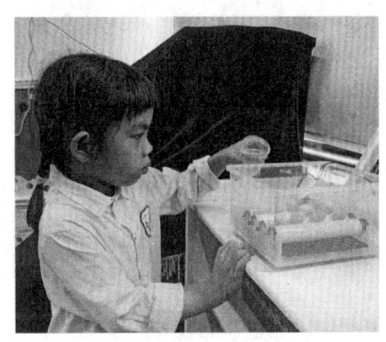

幼儿照顾孵化中的蛋宝宝

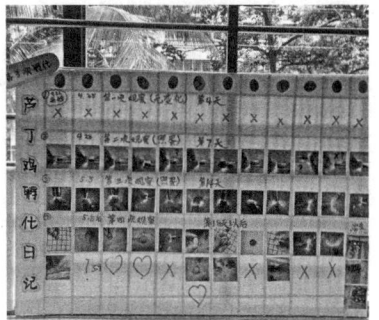

芦丁鸡孵化日记

通过这次谈话活动,孩子们回顾了孵化经验,巩固了对孵化过程的认知,掌握了孵化方法。每天,孩子们都会留意孵化箱上的警报器有没有发生变化,检查孵化箱里的温度和湿度,观察蛋宝宝里面的颜色有没有改变。我鼓励孩子们用拍照和绘画的方式把观察到的现象记录在"芦丁鸡孵化日记"中。

每天的照蛋环节是孩子们特别开心的时刻,孩子们生怕惊动了蛋宝宝,每次照蛋的时候都是特别小心,轻轻地、慢慢地取放,并做好观察记录。

在孵化工作开始后的第4天,美熙发现画圆圈符号的蛋宝宝里面开始有血丝了;在第7天,雏雅发现蛋宝宝里面有一动一动的现象,大家对照"孵蛋图示",知道了那是芦丁鸡的小心脏在"扑通扑通"地跳动。

在孩子们的细心呵护下,蛋宝宝每天都在发生着微妙的变化,带给他们无限的惊喜与期待。

在第18天,有几只小芦丁鸡终于将蛋壳轻轻地啄出了一个小小的洞,哇!我们的芦丁鸡开始破壳了!

祺云:"你们快来看!这3个蛋宝宝上有小洞,芦丁鸡宝宝要出来了吗?"

阿牧:"小小的叽叽声是它发出来的吗?太好玩了!"

这一刻,我们共同见证了生命的奇迹,感受到孵化芦丁鸡的不易,孩子们对生命的探究欲望也得到了满足。

浙雯:"你们看,芦丁鸡出来啦!它全身湿的,会不会冷呀?"

美熙:"妈妈说,刚出生的小鸡要放在保温箱里。"

昌睿:"还需要安装灯泡,那样芦丁鸡就不怕冷了。"

孩子们赶紧分头行动,有的向小二班的吴老师借来了保温箱,有的和我一起给保温箱消毒,有的找来幼儿园的水电工小符哥哥帮忙安装电灯泡,有的在班里找合适的装水的容器。一切准备就绪,我们等新生的芦丁鸡绒毛干了以后,就把它转移到保温箱里。

小小芦丁鸡出壳了

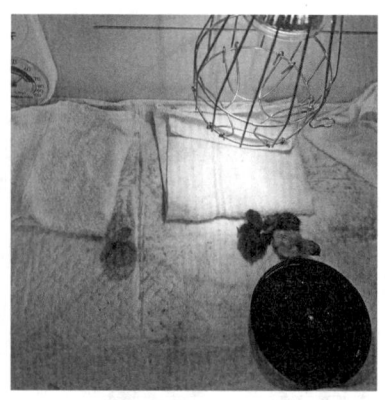
搬到保温箱里的芦丁鸡宝宝

【教师的思考与支持】在芦丁鸡蛋孵化过程中，幼儿每天都非常关注孵化箱的情况，坚持做好观察记录。在幼儿的精心照顾下，我们成功孵化出4只小芦丁鸡。此时，幼儿真切地感受到自己的行为与动物生命之间的关系，真正地懂得要珍爱生命。这个过程，无形中增强了幼儿对饲养劳动的胜任感，增强了幼儿的成就感。幼儿的爱心、用心和细心，让我感觉到很温暖，他们的观察能力、表征能力、探究能力也得到了提升。

4. 美味的营养大餐

为了让小小芦丁鸡快快长大，孩子们开始思考它们的饮食问题。那小小芦丁鸡吃什么更营养健康呢？带着疑问，大家决定开展一次大调查。有了之前获取知识和方法的经验，孩子们很快行动起来，有的和爸爸妈妈去图书馆翻阅书籍，有的和爸爸妈妈一起上网查找资料，并把自己的调查结果用绘画的方式记录下来。第二天，我便组织孩子们围绕这个话题进行交流，孩子踊跃地把自己的发现自信地与小伙伴们分享。

先祥："刚出生的芦丁鸡，可以吃专门的幼鸡饲料。"

昌睿："芦丁鸡的嘴巴很小，不能吃太大粒的食物。"

苏仪："芦丁鸡虽小，但也和普通的鸡一样，喜欢吃各种美味的虫子。"

宝泽："但是不要太过频繁地喂食虫子，（那样）会导致消化疾病的。"

美云："可以喂一些比较嫩的菜叶，最好是切细，不然会造成芦丁鸡吞咽困难。"

萱萱："我和爸爸上网查了，芦丁鸡有专门的饲养饲料，比如蔬菜干、幼鸡饲料、产蛋饲料、贝壳粉。"

看来，孩子们在芦丁鸡的喂养方法上有些争议。

最后，孩子们以投票的方式决定要上网购买专门的芦丁鸡饲料，理由是，专门的饲料更安全、卫生，也更加健康和营养。

【教师的思考与支持】整个分享环节，幼儿积极介绍自己的调查结果，充分发挥了自主性和主动性，表现出爱护芦丁鸡的责任感，他们还丰富了芦丁鸡的饲养方法，积累了饲养经验，可见他们有着强烈的任务意识。这种自主分享、交流活动，也提高了幼儿的表达能力，使他们习得通过集体商讨、民主投票来做决定的思维方式。

5. 豪华"大别墅"送给芦丁鸡

在孩子们的细心呵护下，芦丁鸡在慢慢长大。在它们出生后的第20天，孩子们提议——给芦丁鸡一座"大别墅"。

祺云："我从网上看到过芦丁鸡的大别墅，可漂亮了，里面有草窝，有围栏，还有小木屋！"

叮当："我也看到过，爸爸告诉我，那是芦丁鸡的高级饲养箱。"

孩子们异口同声地说："刘老师，我们也买一个，这样芦丁鸡会住得很舒服的。"我同意了，并且和孩子们共同查找、学习关于芦丁鸡专用饲养箱的资料，了解到"大别墅"里有陶瓷灯座、照明灯、红外加热器、加热灯、温度计、温控器、草窝、围栏、喂食器、喂水器、发酵床垫料等。我们还了解到，发酵床垫料的作用是可以使小鸡的便便变得不那么臭。孩子们欢呼起来："这也太高级了！设备太齐全了！芦丁鸡一定会很喜欢。"

孩子你一言我一语，结合自己的生活经验表达着自己的想法，我感受到他们喜爱芦丁鸡的美好情感。我和孩子们一起梳理了"大别墅"所需的设备和材料，为给芦丁鸡更好的生活环境做准备。

芦丁鸡住进"大别墅"

6. 我们的饲养约定

讨论完"大别墅"的话题之后，孩子们又针对"照顾芦丁鸡"的问题进行了热烈的讨论。孩子们交流了想法后，决定仿照值日生轮值表来制订一份照顾芦丁鸡值日排班表，他们还主动邀请我加入他们的讨论环节。瑞恒说："刘老师，我们一起制订一份'饲养约定'吧！"我欣然答应。

在制订"饲养约定"之前，我和孩子们分头去查找资料、咨询他人，了解关于

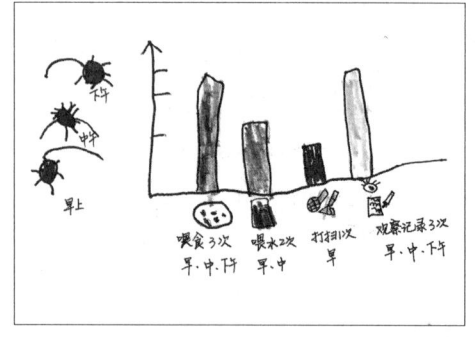

幼儿制订的照顾芦丁鸡值日排班表　　幼儿制订的照顾芦丁鸡的计划表

芦丁鸡的饲养环境、日常照顾的注意事项等，孩子们还用绘画表征的方式将收集到的信息记录下来。

第二天，我组织孩子们进行集体交流分享，并和他们共同梳理出"芦丁鸡饲养约定"。

① 值日生要关注鸡舍的温度，控制在37℃左右。
② 值日生平时要注意让鸡舍保持通风，要定期给鸡舍消毒。
③ 值日生要做好鸡舍内部的清理和打扫工作。
④ 值日生要时刻保证芦丁鸡有足够的饮水。
⑤ 值日生要混合搭配芦丁鸡的饲料。
⑥ 值日生要做好每天的观察记录。

为了方便孩子们更好地照顾芦丁鸡的日常生活，我把"饲养约定"粘贴在饲养箱旁边。

【教师的思考与支持】在这个环节，幼儿知道了芦丁鸡所需要的环境、芦丁鸡的饲养方法和注意事项等。同时，在归纳、小结"饲养约定"时，我特别关注幼儿对所学知识的重新梳理过程，这是非常好的学习能力培养过程，可以提升幼儿的归纳整理能力，任务意识和劳动意识也在此过程中孕育而生。

7. 轮流照顾芦丁鸡

每天，在清理鸡舍之前，值日的小组长都会提醒小伙伴们必须戴好口罩和手套，这样不仅能够保护自己，也能避免使芦丁鸡受伤。小组长根据每天小组的人数来分配具体的工作任务，比如，有的负责把芦丁鸡轻轻地放到笼子里；有的负责为芦丁鸡筛垫料，并将垫料放在指定的塑料盒子里；有的负责混合饲料，并将饲料放满喂食器；有的负责将水盒清洗干净，再添上干净的凉白开水。

幼儿照顾芦丁鸡

【教师的思考与支持】如此美好的劳动画面，让我看到了幼儿之间的合作，看到了幼儿的责任感，以及他们对生命的关心和呵护之情。他们的劳动意识和劳动态度始终贯穿其中，他们也从中体会到劳动带来的快乐、创造的价值。

8.芦丁鸡生蛋了

在大家的照料下,芦丁鸡很快长大了。

一天,欣颖发现有3只芦丁鸡的身体圆圆的,还焦急地在鸡舍里走来走去,她很紧张地跑来问我:"刘老师,是不是芦丁鸡消化不良?它们是不是生病了?"轩轩听到了,赶紧告诉我们:"那不是生病,那是因为芦丁鸡要生蛋了!"

我和孩子们立刻上网搜索。果然,就如轩轩所说的那样,根据这些现象来判断的话,我们的芦丁鸡确实快要生蛋了!孩子们雀跃不已,脸上写满了喜悦和愉快。

户外活动回教室后,孩子们惊喜地发现,2只芦丁鸡妈妈生了2颗蛋!孩子们按捺不住心中的兴奋与激动,相互拥抱在一起。

幼儿捡拾芦丁鸡蛋

(三)总结与评价

1.我们的回顾

饲养芦丁鸡的活动结束了,我和幼儿一起观看饲养活动中拍摄下的视频、照片,收集到的幼儿艺术表征作品等,回顾芦丁鸡从孵化到破壳,到成长、生蛋的全过程。这个过程中,幼儿能够结合自身的饲养经验分享自己与芦丁鸡的温暖故事:组装孵化器、使用"大别墅"、制订照料芦丁鸡的约定,等等。幼儿一看到视频里芦丁鸡那萌萌的模样,就情不自禁地开始交流和讨论,相互诉说着自己在饲养芦丁鸡过程中的喜悦之情,他们萌发了热爱和关心小动物的情感,收获了劳动的成功感和自豪感。

2.我们的评价

(1)兴趣是课程孵化的动力

幼儿在饲养劳动主题活动中始终表现出好奇、好问、好学的态度与品质,兴趣始终是开展饲养劳动的动力和内驱力。在饲养活动中,我一直追随幼儿的兴趣点和好奇心。我和幼儿都能积极主动地投入饲养劳动,在一次次的劳动实践中获得满足感和自豪感。

（2）信任是课程发展的源泉

芦丁鸡饲养劳动主题活动，不仅是幼儿学习与发展的过程，也是我不断学习与成长的过程。相互信任是促进学习的一种催化剂。在整个饲养劳动过程中，我以一个参与者、合作者、促进者的身份与幼儿平等对话，倾听幼儿的心声，相信儿童是有能力的学习者和沟通者。当幼儿发现问题、遇到困难时，我并没有马上给予答案，而是采取支持策略去引导幼儿，巧妙地运用启发式提问、利用集体的智慧等方式，帮助幼儿分析问题、梳理经验，将解决问题的主导权还给幼儿。当幼儿需要帮助时，我也会及时给予支持，为他们提供芦丁鸡所需要的饲养环境、饲养材料和饲养工具，协助幼儿深度探究，推动课程发展。

（3）劳动让课程充满惊喜

在饲养芦丁鸡的过程中，我欣喜地看到，幼儿坚持不懈地关心、照顾芦丁鸡，照顾芦丁鸡已经成为他们日常生活的一部分，他们的专注、坚持与责任感，深深地打动了我，我也感受到他们对生命的关怀和尊重。芦丁鸡妈妈生蛋宝宝的饲养劳动经历，对幼儿来说是非常有意义的，他们收获了劳动带来的成就感和满足感，而生命的神奇给予幼儿无限惊喜，也让他们产生更多美好的期待，这就是饲料劳动课程的魅力！

在芦丁鸡饲养劳动主题活动推进的过程中，家长的支持与帮助也是不容忽视和不可替代的。家长们积极配合孩子搜集信息，查找相关问题的答案，认真填写饲养劳动调查记录表，协助幼儿完成教师安排的亲子任务。从孩子所做的表征和记录中，家长也了解到孩子各项能力的发展情况，从而在家庭中进行更有针对性的引导和教育，进一步推动班级饲养劳动主题活动的发展。

【案例评析】

芦丁鸡饲养劳动主题活动中的每个有趣的故事，都源于幼儿的观察与发现。幼儿带着好奇去发现问题、分析问题，怀着期待去解决问题、收获经验。在整个饲养劳动过程中，幼儿通过"孵蛋行动"萌发了劳动意识与责任感，感受到生命的变化与成长的不易；在"打造饲养箱"时，幼儿表现出强烈的任务意识以及对动物的关爱之情，也体验到劳动所带来的快乐。此外，幼儿还积累了饲养经验，习得了饲养方法，提升了语言表达及合作能力，获得了综合的、多元的发展。

（课程组织者：刘亭亭；指导教师：叶丹青、张可心）

三、罗氏虾的新衣裳

（一）讨论与决策

新学期开始，在一次进餐过程中，轩轩剥虾的时候不小心被刺了一下，小朋友们在关心轩轩的同时，围绕着虾，你一言、我一语地讨论起来。

筱言:"虾真的很难剥,它的壳和肉紧紧连在一起。"
婷婷:"它的壳很硬,把我的手也扎了。"
喆喆:"硬硬的壳是它的骨头,你们要小心哟。"
枫凡:"不对不对,扎我们的是虾背上的刺,不是它的骨头。"
子辰:"它为什么没有大钳子?"
哈哈:"为什么它是弯弯的呢?"
乐乐:"为什么它熟了就变成了红色?"
……

【教师的思考与支持】《纲要》指出,教师应善于发现幼儿感兴趣的事物、游戏和偶发事件中所隐含的教育价值,要把握时机,积极引导。罗氏虾是幼儿生活中常见的水生动物,一次偶发事件让幼儿对虾产生了浓厚的兴趣。如果让幼儿亲手饲养虾,不仅可以满足幼儿的好奇心和探究欲望,还能培养幼儿的劳动能力、劳动品质,使他们萌发爱自然、爱动物的情感。

通过交流讨论,我发现孩子们的关注点主要在"有钳子"的虾身上。为了解孩子们的已有经验,我下发了调查问卷,请孩子们与家长一起完成。通过梳理、分析调查结果,我发现,班上的幼儿找到的有钳子的虾有三种,分别是皮皮虾、罗氏虾、小龙虾。结合幼儿的兴趣和海南本土特色,最终,大家以投票的方式确定了班级饲养对象——罗氏虾。

我又组织孩子们围绕罗氏虾展开了讨论,了解并记录他们对罗氏虾最感兴趣的问题有哪些,还制作了"问题清单",分析孩子们的兴趣点。

幼儿对饲养罗氏虾的问题清单及兴趣点分析

序号	幼儿的问题	幼儿的兴趣点
1	为什么虾总是弯弯的?	罗氏虾的外形特征
2	它的胡子怎么那么长?	
3	它的壳为什么那么硬?	
4	它为什么有那么多的腿?	
5	它为什么熟了就会变成红色的?	
6	它肚子里黄黄的是什么?	
7	罗氏虾是怎么长大的?	罗氏虾的生活习性
8	为什么我们之前养的虾都死了,就它活下来了?	
9	它生活在哪里?更喜欢哪一种生活环境?	
10	它吃的是什么?	
11	为什么一动它,它就跑得那么快?	
12	它是怎么生宝宝的?	
13	它为什么会脱壳?为什么它脱了壳还不死?	

续表

序号	幼儿的问题	幼儿的兴趣点
14	它会咬人吗？	延伸问题
15	它最后会被我们吃掉吗？	
16	它能听到我们说话吗？	
教师的思考	幼儿提出的问题中透露着他们对罗氏虾的好奇和兴趣。这是经归纳与整理之后筛选出来的有意义的问题，可以在饲养劳动中带领幼儿共同探究。	

（二）饲养与劳动

1. 罗氏虾怎么了？

一天，可可在观察罗氏虾的时候，突然发现一向最好动的大罗氏虾不怎么动了，可可赶紧把这个发现告诉她的好朋友们，孩子们纷纷来到大罗氏虾面前。

茉茉猜测，罗氏虾是饿了才不动的，所以拿来了食物喂给罗氏虾。但是，面对他们投放的食物，罗氏虾依然不动也不吃。

子尧便猜测：是不是罗氏虾生病了，或者是不舒服，才不吃不动的？

细心的子辰发现了罗氏虾肚子变大的现象，他结合自身的经验，猜测罗氏虾是不是像他妈妈怀弟弟那样，不舒服，又没胃口，才不吃不动的。

孩子们你一言我一语地猜测着，并时刻关注着罗氏虾的变化。

【教师的思考与支持】幼儿在照顾罗氏虾的过程中，不仅能积极主动地为罗氏虾做一些力所能及的饲养劳动工作，还会在观察与比较中，细心地发现罗氏虾与以往的不同之处，并提出问题。接着，他们结合生活经验展开讨论，让更多同伴参与到帮助罗氏虾的队伍中，通过记录问题与猜想的方式，让同伴能够借鉴好的饲养经验，加深对罗氏虾的关注，加强照顾，用自己喜欢的方式发现问题、记录问题、解决问题，形成良好的探究习惯和饲养劳动习惯。我们能够看到幼儿对罗氏虾的关爱，感受到他们拥有照顾好罗氏虾的责任感与使命感。同时，幼儿善于发现、勤于思考、乐于讨论的品质也值得点赞。

幼儿表征作品"罗氏虾生病了"

幼儿表征作品"罗氏虾生宝宝了"

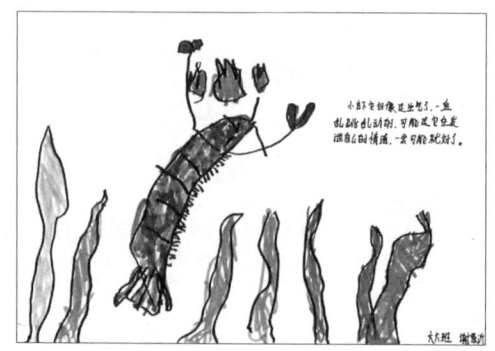

幼儿表征作品"罗氏虾生气了"

2. 罗氏虾多了一只

自从发现大罗氏虾的"反常"现象后，孩子们更加频繁地来到虾缸前观察它们。有一天，令孩子们更加惊奇的事情发生了。只听乐乐惊讶地喊道："你们快看！缸子里怎么多了一只虾？"听到乐乐的喊叫声，孩子们纷纷围过来观察。

为了更好地看清楚"多出来的虾"，芮芮将"多出来的虾"用渔网轻轻捞了起来，在对比中，西西发现，这只"罗氏虾"没有眼睛，只有虾壳，便提出了质疑："这不是虾，只是虾壳吧？""哪里来的虾壳呢？"孩子们七嘴八舌地猜测起来。

我引导孩子们继续观察："这个虾壳的形状、大小，跟谁的壳比较像呢？"孩子们也在观察和对比中，猜测这可能是大罗氏虾的虾壳。随后，孩子们轻轻地触摸了大、小罗氏虾，他们发现：小罗氏虾的壳硬硬的，大罗氏虾的壳软软的。他们通过触摸验证了他们的猜想，这个虾壳就是大罗氏虾的。乐乐惊喜地说道："哈哈，大罗氏虾脱掉一件虾壳衣裳啦！"

幼儿观察发现罗氏虾蜕壳现象

【教师的思考与支持】罗氏虾蜕壳现象让幼儿十分惊奇，也引发了他们对罗氏虾"衣裳"的浓厚兴趣。在他们对罗氏虾蜕壳现象进行讨论的过程中，我始终作为一个支持者、引导者、参与者的角色，与幼儿一同展开探索。当幼儿需要帮助的时候，我及时、有效地抛出问题，激发他们进一步思考与操作，让他们在亲身体验中唤醒自己在照顾罗氏虾时已获得的经验，让已有经验与新发现形成对比，在对比、观察与思考中，加深对罗氏虾的了解，从而激起他们对罗氏虾蜕壳这个独特现象进一步探究的欲望。

3. 罗氏虾为什么"换衣裳"？

为了引导孩子们更好地了解和照顾罗氏虾，引导他们将罗氏虾蜕壳现象与之前发现的罗氏虾的"反常"现象形成思维"闭环"，我提出了"罗氏虾为什么会'换衣裳'"这个问题，与孩子们一起，对罗氏虾脱壳现象展开深入探究。

问题提出后，涵涵结合饲养小鸡的经验猜测道："时间到了，罗氏虾就要换衣裳，和小鸡到时候要换毛是一样的。我养过小鸡，所以我知道。"朵朵不认同涵涵的说法，说道："我觉得是因为它的旧衣裳脏了，于是换了新衣裳。"针对这一问题，孩子们的意见不统一，于是我引导他们思考："可以通过哪些方法知道罗氏虾蜕壳的原因？它蜕壳前后会出现什么样的现象？它蜕壳之后我们应该怎样照顾它？有哪些注意事项？"孩子们围绕这些问题继续讨论，他们提出，可以通过询问大人、用电脑查资料、翻阅图书、亲自做实验、持续观察等方式了解罗氏虾脱壳的原因，学习照顾刚蜕壳的罗氏虾的注意事项等。

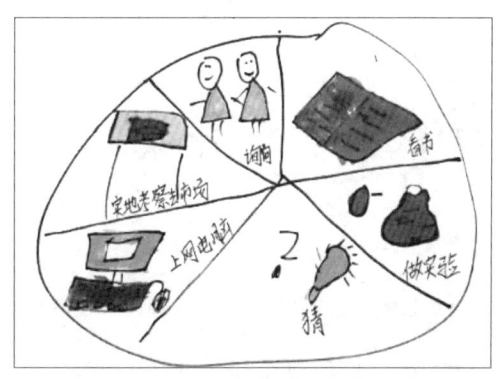

幼儿讨论出来的解决问题的方法

于是，孩子们通过询问大人、查找资料等多种方式了解罗氏虾蜕壳的原因，以及蜕壳的好处，并在爸爸妈妈的协助下，通过记录表的方式，将了解到的信息记录下来。掌握了罗氏虾蜕壳的原因后，孩子们更加自信、大方地分享自己的收获。

乐迪："我跟爸爸妈妈用电脑查，知道罗氏虾换衣裳是因为罗氏虾长大了，但是它的衣裳不会跟着长大，它穿这件衣裳太挤了，所以脱掉衣裳跑出来了。"

涵涵："对的，新衣裳能够让它更加舒服、健康。"

乐乐："如果生活的地方不舒服，罗氏虾也会从旧衣裳里跑出来。"

大大："我看书了，我还发现，换衣裳前虾很安静，不动，也不吃东西，是为了保存体力，不然蜕壳的时候没有力气。"

 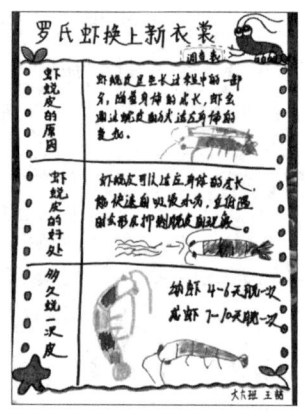

关于罗氏虾"换衣裳"情况的调查表　　　罗氏虾"换衣裳"的过程

通过调查，孩子们还了解了罗氏虾蜕壳的过程，知道了罗氏虾换"新衣裳"的原因。如何更科学地照顾换了"新衣裳"和没换衣裳的两种罗氏虾，成了孩子们接下来想要探索的事情。

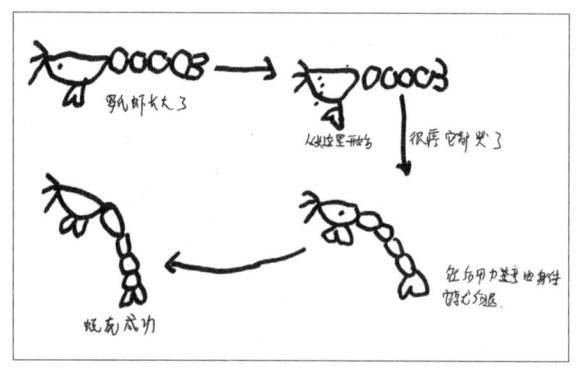

幼儿对罗氏虾"换衣裳"的理解与表征

4. 分组照顾"换衣裳"前、后的罗氏虾

我："现在我们的缸子里有准备'换衣裳'和'换了衣裳'的两种罗氏虾，我们照顾它们的方式一样吗？"

涵涵："不一样的，把它们放在一起，'换了衣裳'的罗氏虾会受伤的。"

蕊蕊："那我们就把它们分开照顾。"

（1）照顾准备"换衣裳"的罗氏虾

照顾准备"换衣裳"罗氏虾那组的孩子们取来了水温计，将水温计放进水中，开始观察。西哒说："我们要经常看水温计才行，准备'换衣裳'的罗氏虾要在24到26度的水中才会换衣裳的。"西哒说完，其他孩子表示了赞同。星星还补充道："我会帮它清洗缸子，让缸子干干净净的。"孩子们你一言我一语，表达着自己想到的照顾准备"换衣裳"的罗氏虾的各种方法，而潘乐则拿着记录本，静静地观察

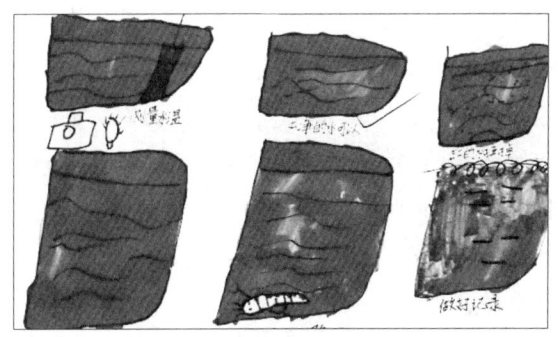

幼儿绘制的照顾"准备换衣裳"的罗氏虾的计划图

着罗氏虾。乐乐问潘乐："你在看什么呀？"潘乐回答："我在观察它，如果发现它不爱动或者不爱吃东西，我就记录下来，然后告诉你们，那可能就是它要'换衣裳'了。"听了潘乐的话，乐乐说："那我要把家里的摄像头带来安装在这里，这样就算它晚上'换衣服'，我们不在幼儿园，也能看到。"

【教师的思考与支持】照顾准备"换衣裳"罗氏虾这组的幼儿查询了许多资料，关注到环境对罗氏虾蜕壳的影响，能够通过测量水温、注意水质、观察罗氏虾的食量和活跃度等劳动行为，帮助罗氏虾更好地蜕壳，从而让罗氏虾更好地成长与生活。同时，幼儿还结合生活经验，想到可以利用适宜的工具来协助自己观察罗氏虾的变化，从而更好地验证自己之前的发现和猜想。因为幼儿喜欢罗氏虾、喜爱饲养活动，所以他们不想错过罗氏虾成长过程中的点滴变化。

（2）照顾"换了衣裳"的罗氏虾

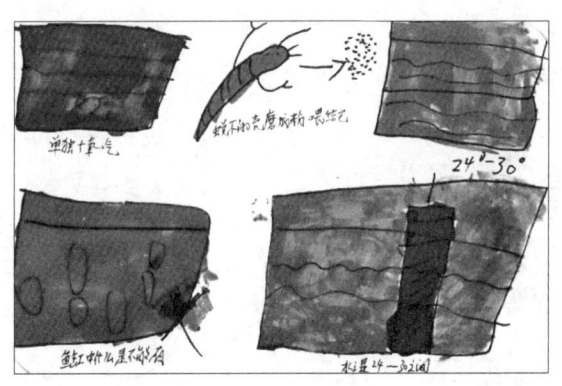

幼儿绘制的照顾"换了衣裳"的罗氏虾的计划图

照顾"换了衣裳"的罗氏虾组的孩子们，讨论制作了相关计划图，并根据计划分工行动。

西西先是将一个新缸子清洗干净，然后一边从旧缸子里捞大罗氏虾，一边说："我把它拿出来，放到新缸子里，不然它的新衣裳薄薄的，被小罗氏虾撞到，它会受伤。"

接着，瑞瑞取来水温计，放到新缸的水中，等待了几秒，边观察边说："正好是26度。我们要保证大罗氏虾一直在24度到30度的水中才行。"接着，潘潘将大罗氏虾换下来的"旧衣裳"用剪刀剪成了一厘米左右的小块，并从材料柜里取来一个带盖的盒子，将剪裁后的"旧衣裳"装进盒子里。最后，子雨也过来帮忙，她一边将盒子里的"旧衣裳"投进新缸子里，一边说："谢谢潘潘，我把你剪好的'旧衣裳'喂给大罗氏虾，给它补钙。"

【教师的思考与支持】幼儿细心地给"换了衣裳"的罗氏虾绘制了照顾计划图，他们有的帮蜕了壳的罗氏虾清洗出一个干净的缸，有的利用水温计关注水温，有的将罗氏虾的"旧衣裳"剪成小片放进食物盒里，然后分时间段喂给罗氏虾吃，为它补钙。可见，幼儿时刻想着为罗氏虾服务，经常做饲养罗氏虾的各项工作，他们既劳力又劳心，尽心照顾罗氏虾的生活，使它能更好地成长。

在照顾罗氏虾的过程中，幼儿能够不断发现问题、思考问题、解决问题，用主动询问、大胆猜想、积极表达、查找资料、实验验证等方式，科学有效地帮助罗氏虾成长。在照料罗氏虾的过程中，幼儿有目的地做好前期计划，并认真实施计划，养成了良好的劳动习惯，拥有了很强的劳动意识；在参与照料小动物的过程中，他们体验到生命的有趣和力量，感受到环境、人、动物之间的相互关系与影响，增强了照料罗氏虾的欲望以及对生命的尊重之情。

（三）总结与评价

1. 我们的互访

其他班的小朋友们知道了罗氏虾"换衣裳"这一消息，十分好奇，都想来我们班看一看，于是，我们组织了互访活动。

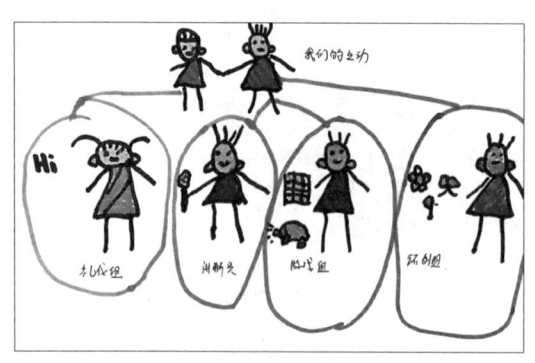 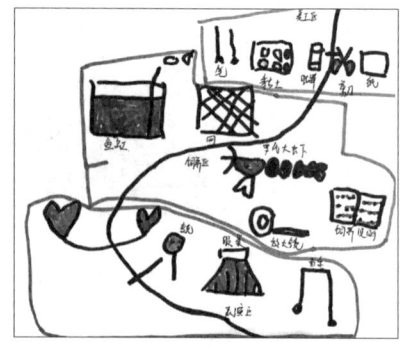

互访活动的任务分工图　　　　　　　互访活动的区域内容

孩子们根据自己的兴趣领取相关任务：环创组的小朋友，负责将教室各个区域布置好，在每个区域安排志愿者；礼仪组的小朋友，在门口欢迎其他班的小朋友来参观；担任讲解员的小朋友，则通过介绍主题墙上的内容、展示实物、播放视频等多种方式，为来访的小朋友介绍罗氏虾蜕壳的原因以及照顾蜕壳罗氏虾的方法；游戏组的小朋友，安排大家按照规则玩"罗氏虾蜕壳"模仿游戏，让大家在游戏中感受生命的力量；美工组的孩子，用超轻黏土表现罗氏虾的生长过程，让来访的小朋友在手工制作中感受成长的奇妙。

在接待来访小朋友的过程中，我班孩子们都能坚守自己的岗位，很好地完成了自己的工作，充分表现出对自己工作的责任感和使命感。同时，孩子们在分享时十分自信、大方，这表明，他们通过参与一系列饲养劳动，获得了成就感，增强了自信心。

2. 我们的回顾

活动结束了，我和孩子们一起观看在罗氏虾饲养劳动中拍摄的照片，以及孩子们完成的艺术表征作品，回忆了自己和罗氏虾之间各种有趣的故事。在这次的饲养劳动中，孩子们先是发现了罗氏虾的"反常"现象，继而以猜想、记录、尝试、测量等方法展开思考，并进行一系列帮助、照顾罗氏虾"换衣裳"的劳动。在劳动中，孩子们不仅自主建构起关于饲养对象、劳动行为的认知和经验，还在我适时的支持和推动下，用自己喜欢的方式自主表达了想法、感悟和思考。他们用自己力所能及的劳动行为创造性地完成了各项饲养工作，了解了罗氏虾的独特性，学习了解决问题的方法，留下了自己学习和成长的印迹。在本次饲养劳动的最后，孩子们还提出了更深层次的问题："自然界中的罗氏虾，蜕壳以后怎么保护自己呢？"可见，孩子们在参与此次饲养劳动后，产生了对人、自然、动物之间关系的好奇心，也初步萌发了自然界中的生物"适者生存"的意识。

3. 我们的评价

饲养罗氏虾的活动促进了幼儿的全面发展，活动中幼儿收获颇多，发展了多方面的能力，感受了劳动的乐趣，萌发了对生命的关爱，拥有了一定的责任感，收获了劳动后的成就感。

在此次罗氏虾饲养劳动中，我看到了幼儿对罗氏虾生活与成长环境的探究欲望，幼儿享受照顾罗氏虾的过程，想为罗氏虾创造更好的生活环境。我是幼儿饲养劳动的支持者和推动者，当幼儿对罗氏虾蜕壳这一现象产生好奇时，我鼓励他们大胆猜想、积极表达，和他们充分交流、讨论，引导他们寻找问题答案的办法和途径。当幼儿的探索遭遇困难的时候，我抛出多个提示性问题，引发他们的思考，并鼓励幼儿用各种方式表达自己的想法。当幼儿在活动中寻求帮助的时候，我会以商量和引导的方式推动幼儿思考，鼓励幼儿尝试，激发他们自主学习的欲望。当幼儿在实施劳动行为的时候，我也会给予他们肯定与赞扬，让他们在劳动时更加自信、大方和果敢。

我与家长配合，开展饲养劳动教育，家长也感受到饲养劳动对幼儿成长的积极价值，主动加入我们的课程活动。如：周末，家长积极地带孩子实地考察罗氏虾的生活环境，带孩子去市场寻找罗氏虾的身影；部分家长还在家里为孩子创设了饲养罗氏虾的环境，并和孩子一起与罗氏虾互动，为罗氏虾清洁水缸等，使得亲子关系更为密切；家长还经常在群里交流、分享孩子的学习行为，对孩子给予充分的鼓励和肯定，这在无形中帮助幼儿形成了对饲养劳动的胜任感和成就感。总之，家长成了幼儿主动学习、积极探索、通过劳动为他人服务的支持者、合作者。

【案例评析】

"罗氏虾的新衣裳"饲养劳动主题活动，从主题内容的选择，到活动的延展，都源于幼儿自身的兴趣和生活——一个特殊又有趣的现象，极大地激起了幼儿的探索欲望。在主题活动开展的过程中，我们看到了幼儿既劳心又劳力的协调发展，记录了他们一系列的劳动感知、劳动参与行为，进一步丰富了幼儿的饲养劳动经验，提升了他们的劳动品质。

在了解罗氏虾的外形特征、生活习性及成长规律的过程中，幼儿也在不断成长。他们能够持续地观察罗氏虾，能够积极主动地照顾即将蜕壳和蜕了壳的罗氏虾，及时高效地为罗氏虾付出劳动；当遇见解决不了的难题的时候，幼儿通过利用现有资源、查阅资料或寻找他人帮助等途径获取支持，积累了一定的生活经验。这些都彰显出，饲养劳动能够综合地发展幼儿各方面的能力，幼儿在饲养劳动中不仅增进了对生命成长过程的认知，还产生了爱心和责任心，形成了积极主动、敢于探究的学习品质，增强了劳动意识，养成了劳动习惯，提高了劳动能力。

（课程组织者：卞佳新；指导教师：符惠萍）

四、小香猪爱洗澡

（一）讨论与决策

一天，我给孩子们分享绘本故事《一只特立独行的猪》，绘本中那只特立独行、既可爱又有自己想法的小猪，瞬间引起了孩子们浓烈的兴趣。

阳阳："我也好想要一只故事里的小猪，它跟其他的小猪都不一样。"

牧辰："这只小猪好特别，它一定非常可爱。"

晨希："我好喜欢这只小猪，它很聪明。"

倡搏："它很厉害，能跳好高好高。"

焕之："它竟然会游泳，还会跑步！"

富熠："老师，这只猪是不是有什么特异功能啊？"

嘉嘉："我们可不可以养一只小猪呢？"

阳阳："我同意！我同意养小猪！"

我："我们可以用什么方式来进行一场公平公正的选择，选出大家都喜欢的一种小动物，养在我们班？"

小芬："那我们就来投票吧，这个方法很公平，谁的票多就选谁。"

阳阳："我也觉得这个方法很公平。"

富熠："那我们就来投票吧！"

于是，我们组织了一场关于"饲养什么动物"的投票活动。

雨辰："小猪16票，小兔子8票，鹦鹉6票，小仓鼠5票，投给小猪的票是最多的！"

阳阳："小猪的票数最多，那我们班就确定养小猪啦！"

幼儿投票现场

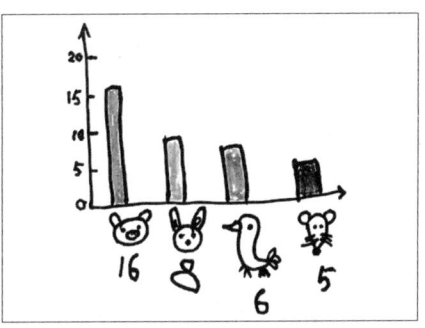
投票结果统计图

我："小猪来到我们班后，你们最想了解关于小猪的哪些问题呢？"

阳阳："我想知道小猪吃什么，我们该怎么照顾小猪。"

思悦："我知道小猪吃什么，小猪会吃饲料，蔬菜、米饭、水果它都吃。"

富熠："我想知道怎么给小猪洗澡，它会不会一害怕就跑出来。"

恩赫："我想知道小猪喜欢什么样的环境，要给它准备什么东西。"

牧辰："小猪会不会有什么变化？会不会变得越来越大？"

美辰："小猪来了要住哪里？我们是不是要给小猪搭建一个'家'？"

幼儿关于饲养小猪的问题清单1

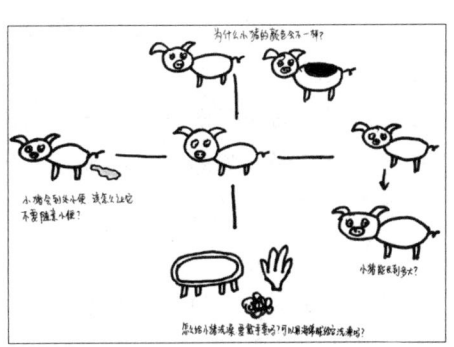
幼儿关于饲养小猪的问题清单2

我:"看来大家都有很多想要了解的问题,你们可以把自己想知道的问题用自己喜欢的方式记录下来,做一个'问题记录单'。"

【教师的思考与支持】在讨论和投票环节,幼儿能自信、大胆地表达自己的想法,说出自己的困惑。在记录方面,他们也能通过简单的表征方式列出"怎么照顾小猪""小猪喜欢什么样的环境""要给小猪准备什么物品"等问题,由此可见,幼儿对照顾动物的方式和动物的生活习性等问题产生了浓厚的兴趣,于是,我鼓励幼儿尝试自主制订照顾小猪的计划。

(二)饲养与劳动

1. 小香猪怎么了?

孩子们在照顾小香猪的过程中,发现小香猪有了一些奇怪的行为,它总是用脚来抓它自己的身体,还总是用它的身体去蹭墙壁。小香猪到底怎么了?为了弄清楚小香猪奇怪行为背后的原因,孩子们决定进行"小香猪大调查"活动。根据之前开展调查活动的经验,孩子们很快分好了组,有的去班级图书区翻看图书,有的去幼儿园图书馆查阅资料,还有的小朋友用笔记下了小香猪的奇怪行为,准备回家向爸爸妈妈咨询。

"小香猪大调查"

第二天,我组织了一场关于"小香猪怎么了"的讨论,孩子们纷纷表述自己的调查结果和发现。

浩浩:"我妈妈跟我说,小香猪用脚来抓身体,还有用身体蹭墙的行为,就表示它感觉身体很痒,那其实是小香猪在给自己抓痒。"

富熠:"我昨天也跟爸爸上网查了资料。小香猪身上痒痒的时候就会蹭墙,挠痒痒。"

欣欣:"我昨天看的那本故事书上说,小猪也跟我们一样,要洗澡的,要不然就太脏了。"

【教师的思考与支持】在幼儿争先恐后的表达中,我感受到他们对小香猪的关心和喜爱,每天的饲养劳动已经让幼儿跟小香猪建立起深厚的情感,当小香猪出现反常行为时,幼儿既好奇又担心,有着强烈的任务意识。为了弄清楚原因,幼儿自主去查资料、咨询成人,表现出对饲养活动的责任感。当幼儿知道小香猪是因为身上痒痒才出现一些奇怪的行为时,又提出给小香猪洗澡。他们的劳动态度和劳动意识始终"在线",表现出对饲养活动极大的主动性。

2. 给小香猪洗澡

(1) 准备洗澡工具

为了支持孩子们的劳动,让他们能够在劳动中获得快乐和成就感,我发起了谈话活动,引发孩子们思考。

我:"给小香猪洗澡,我们要准备哪些工具呢?"

欣欣:"我知道,要给它准备沐浴露!我们洗澡都需要沐浴露的。"

思悦:"还有洗澡用的海绵球,用来给小香猪擦干净身体。"

我:"你们想到了清洁工具。还需要准备什么呢?"

恩赫:"我觉得还需要毛巾,洗完澡要用毛巾擦干小香猪的身体。"

牧辰:"也可以准备吹风机,能很快把小香猪(的身体)吹干,它就不会感冒了。"

莎莎:"还有洗澡盆。我弟弟小的时候洗澡也是用洗澡盆的,这样水就不会流得到处都是。"

我:"除了清洁工具,还有洗澡和擦干的工具,你们想得可真周到。我们把小香猪洗澡需要的物品列一个清单,大家就可以分头准备了,准备好了我们就可以给小香猪洗澡啦!"

幼儿记录给小香猪洗澡的用品　　幼儿准备给小香猪洗澡的用品

【教师的思考与支持】在我的引导下,幼儿都结合生活经验自信地表达了自己的想法与思考,展现出对劳动活动的极大热情。在讨论中,我对幼儿的发言进行了及时的回应,并帮助他们梳理了洗澡所需工具的类型,为他们开展具体劳动奠定了认知方面的基础。讨论结束后,幼儿还用表征的方式记录下了小香猪洗澡所需要的工具和物品,为洗澡活动的顺利开展做好准备。

(2)第一次给小香猪洗澡

第二天,我从小班的娃娃家借来了一个洗澡盆,孩子们根据"洗澡工具清单",从家里带来了沐浴露、海绵球、毛巾和吹风机。孩子们在准备工具和材料的过程中,能够按照清单分工合作,准备齐全,表现出很强的任务意识和劳动意识。

可是,给小香猪洗澡并没有想象中那么顺利,小香猪一点儿都不配合,一直在澡盆里动来动去,水花溅得到处都是,值日生们手忙脚乱,刚刚给小香猪的身体打上沐浴露,小香猪就跳出澡盆,跑了……

为了帮助孩子们总结经验,鼓励他们克服困难,持续付出劳动,坚持完成任务,我组织孩子们开展了集体谈话活动,跟他们一起回顾、反思。

我:"给小香猪洗澡时出现了什么问题?"

欣欣:"我们都想给小香猪擦洗身体,都没有人帮忙抱住小香猪,小香猪一直想从洗澡盆里跳出来,我有点害怕,都不能好好给小香猪洗澡了。"

富熠:"小香猪第一次洗澡,它可能有点儿怕水。"

焕之:"我们都去给小香猪打沐浴露,它可能害怕了。"

我:"那我们可以怎么解决这个问题?"

欣欣:"像值日一样做好分工,每个人做自己的事情就可以了。"

思悦:"有的小朋友负责给小香猪打沐浴露,有的小朋友抱住小香猪不让它动来动去。"

浩浩:"还有的小朋友负责洗完澡后给小香猪擦身体。"

我:"大家的想法都很不错。这样吧,我们一起来画一张'洗澡分工图',大家各自负责自己该做的事情,这样就可以好好给小香猪洗澡啦。"

【教师的思考与支持】初次给小香猪洗澡,小香猪格外"紧张",一直大喊大叫、动来动去,幼儿也没有做好分工,每个人都从自己的喜好出发,去抢着给小猪

给小猪洗澡分工图

打沐浴露,在此过程中没有很好地配合,结果洗澡活动失败了。但让我欣慰的是,幼儿并没有因此而放弃,而是主动结合自己做值日生的经验,交流、分析失败的原因,并积极思考解决问题的方法。幼儿还商量确定了下次给小猪洗澡的任务分工,并记录下来。幼儿对劳动付出持有积极乐观的态度,这打动了我,我决定跟幼儿一起再试一试。

(3)第二次给小香猪洗澡

吸取了上次的经验,这一次,孩子们早早就进行了任务分工,商量好了每个人的职责。给小香猪洗澡的时候,小香猪还是一边挣扎一边叫,浩浩抱着小香猪,有点儿力不从心,他对欣欣说:"你给小香猪打沐浴露的速度要快一些,我都快抱不住了!"富熠也自言自语道:"要赶紧给小香猪清洗干净,它叫得太可怜了。"富熠一边说一边往小香猪的身上淋水,想尽快把泡沫冲洗掉。小香猪好像还是很害怕的样子,使劲挣扎,思悦展开毛巾站在那里,做好了随时给小猪擦干身体的准备……经过一番努力,大家终于完成了给小香猪洗澡的任务,孩子们都松了一口气。

吴霆说:"给小香猪洗澡太累了,它一点儿都不听话。"浩浩说:"我一抱住小香猪,它就使劲挣扎,还大声叫,我下次不想给它洗澡了。"

看到孩子们有一丝气馁,我说道:"可是,经过你们的合作和努力,已经成功地帮小香猪洗了澡,你们看,现在的小香猪变得多干净啊!"小朋友们听了我的话,顿时兴奋起来,他们围在小香猪的身边,开心地交流着:"我给小香猪打了沐

浩浩妈妈分享给小香猪洗澡的经验

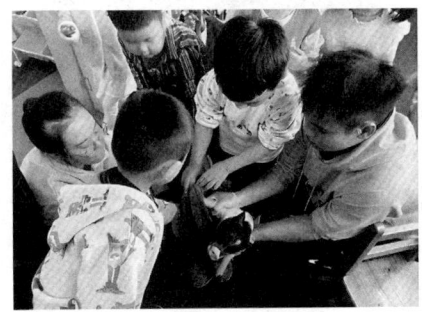

幼儿合作,给小香猪洗澡

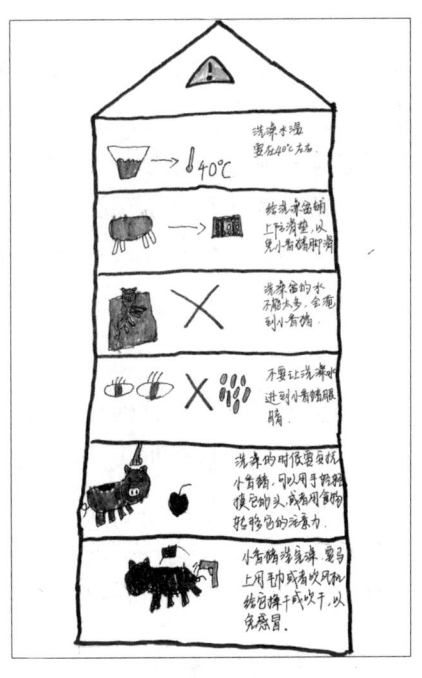

小香猪洗澡注意事项

浴露，它的身上有香香的味道。""看，我用海绵球把小香猪擦得多干净啊！"

【教师的思考与支持】第二次给小香猪洗澡时，因为幼儿有了明确的责任分工，也吸取了上一次的教训，懂得了相互配合与合作，所以，这一次基本完成了任务，幼儿也从中体会到了分工合作、共同努力的重要性，感受到了集体力量的强大和帮助他人的快乐。但同时，幼儿在此过程中也体会到了劳动的艰辛。为了让幼儿懂得只有付出才会有收获，我巧妙地引导他们关注到劳动成果——干净的小香猪，让他们在现实中体会只有努力才能感受到成功的喜悦和快乐。此外，幼儿在给小香猪洗澡的劳动中，通过体力的参与和工具的使用，促进了大、小肌肉的发展。

（4）小香猪为什么怕洗澡？

几天过去了，孩子们始终对小香猪洗澡时为什么会大叫感到好奇，在日常照顾小香猪的过程中，他们还会时常讨论这个问题。这种执着的探究精神不正反映出孩子们对小香猪的关心和爱吗？为了满足他们的好奇心、支持他们持续探究，在孩子们的建议下，我们决定邀请有专业的宠物照顾经验的浩浩妈妈来为大家答疑解惑。

浩浩妈妈图文结合、声情并茂地给孩子们讲解小香猪洗澡时的表现："小香猪大叫，是因为它还没有适应，就像小朋友小的时候一样，一开始都有点儿怕水，但是在爸爸妈妈的呵护和照顾下，慢慢就会喜欢上洗澡的。另外，给小香猪洗澡的时候也要注意水的温度，40度左右的温度对小香猪来说才是最舒适的温度。"

"给小香猪洗澡还要注意水温呀？我们上次用的是凉水，难怪小香猪会大叫，可能它是在说'水太凉啦'。"玥玥说。

欣欣说："下次我要像爸爸妈妈照顾我一样照顾小香猪，多摸摸它、抱抱它，它就不害怕了。"

小朋友们你一言我一语地讨论起来。他们还想到了很多其他办法，比如用食物吸引小香猪、给小香猪听音乐、轻轻地给小猪淋水，等等。

在与浩浩妈妈的交流中，孩子们学到了给小香猪洗澡需要注意的一些事项。为了不忘记这些事情，大家结合上次的经验，把给小香猪洗澡要注意的事情用表征的方式进行了记录。

【教师的思考与支持】这次请宠物专家来园交流、分享的活动，不仅使幼儿收获了认知经验，还使他们掌握了学习的方法，很好地激发了幼儿再尝试、再探索的兴趣，有利于推动幼儿持续、深入地开展劳动。为了让小香猪不再害怕洗澡，幼儿将爸爸妈妈照顾他们、安慰他们的经验全部迁移到帮助小香猪洗澡这件事情上，看得出来，他们给予了小香猪用心的呵护与关爱。

（5）小香猪爱上洗澡

面对给小香猪洗澡的难题，孩子们不断寻求解决问题的方法，并获得了很多知识。第三次给小香猪洗澡的时候,孩子们细心地准备好一切,对水温进行严格测量,还贴心地给洗澡盆铺上防滑垫。在给小香猪洗澡的过程中,孩子们还是分工合作,有的安抚小香猪、用食物转移小香猪的注意力,有的小心翼翼地往小香猪的身上淋水,有的轻轻揉揉小香猪的全身,有的拿着毛巾时刻准备给小香猪擦干身体,整个过程安全又有序。在大家的合作下,第三次给小香猪洗澡的劳动任务十分顺利地完成了。看着小香猪洗完澡后开心又自在的样子,孩子们心中充满了成就感。

幼儿合作,给小香猪洗澡

【教师的思考与支持】连续三次的"洗澡大作战",幼儿从最初手忙脚乱到分工合作,从只顾自己喜好到在乎小香猪的感受,从发现问题到解决问题,只为更好地照顾小香猪。现在,幼儿每周都会给小香猪洗一次澡,他们的手法与方式更娴熟、更科学了,小香猪慢慢地习惯了,爱上了洗澡,十分享受洗澡的过程。

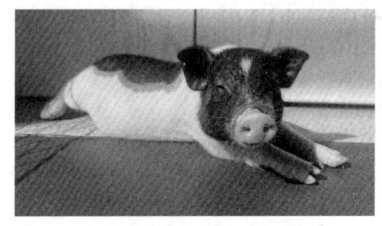 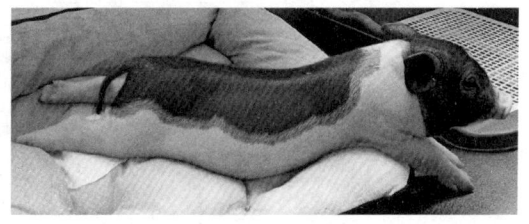

小香猪洗完澡晒太阳　　　　　　　　　　小香猪洗完澡睡懒觉

在劳动过程中,幼儿在制订计划和分工合作等方面都表现出机智和创造性。他们不仅能够细心观察,发现问题,还积极主动地查询资料,解决问题;能够根据生活经验自己动手准备小香猪洗澡所需要的物品;在遇到超越自身认知范围的问题时,还懂得利用身边的资源帮助自己。幼儿能够全身心投入"给小香猪洗澡"这个劳动过程,在增长经验、获得成长的同时,也增强了对所饲养的动物的责任感。他们为能给小香猪舒适的洗澡体验而感到高兴、自豪,他们体验着劳动的快乐和劳动所带来的幸福。

（三）总结与评价

1. 我们的互访

"小香猪洗澡大作战"最终获得了圆满成功，孩子们特别想把这份成功的喜悦与自豪跟其他班的小朋友们分享，同时也想了解其他班饲养小动物的情况，其他班是不是也有十分有趣的故事要分享呢？互访活动开始了。

为了迎接来访的小朋友，告知活动时间与注意事项，孩子们设计了互访活动海报，还分头整理班级内务，以干净整洁的环境迎接来访者。

幼儿设计互访活动海报

幼儿整理班级环境

互访任务分工图

互访活动当天，小小负责人都明确自己的职责，各司其职，在班上负责接访。我欣慰地看到，本班孩子都能及时回到班级，轮换着当小小负责人，使每一个孩子都能访问其他班级。其他班的大部分孩子，在来访过程中，也都能自己的事情自己做，在去下一个班之前，会将手头的材料规整好，清理自己遗留的垃圾，保持场地的干净与整洁。

互访活动结束后，孩子们分享了自己的感受，并用图画等表征方式表现了自己在互访活动中的收获与成长。

2. 我们的回顾

饲养活动还在继续，孩子们的学习也从未停止。在对小香猪饲养过程进行回顾时，孩子们真实地表述了自己为小香猪做的事情，感受到在自己悉心照料下小香猪爱上洗澡、逐渐成长的成就感，体会到饲养劳动带来的乐趣。孩子们在照顾小动物的过程中拥有了责任感，萌发了对生命的关注与关爱，体验了人和自然和谐相处的美好状态。

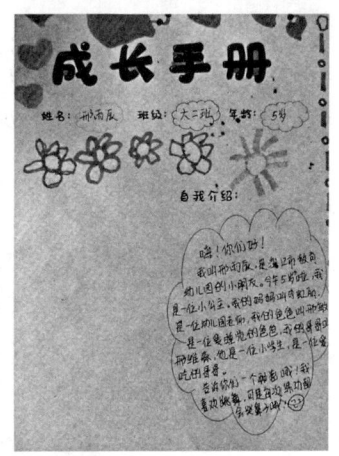

幼儿主题成长手册

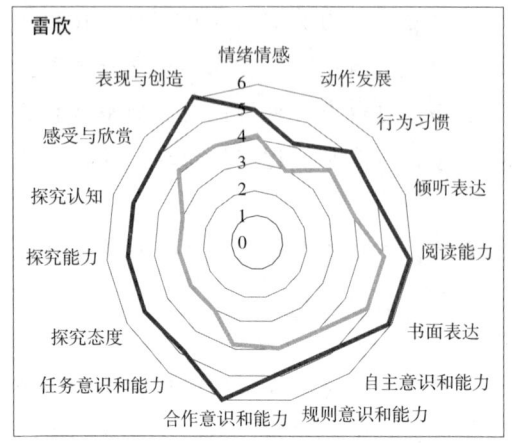
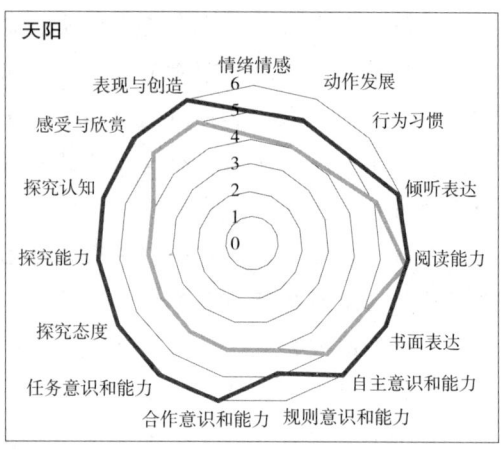
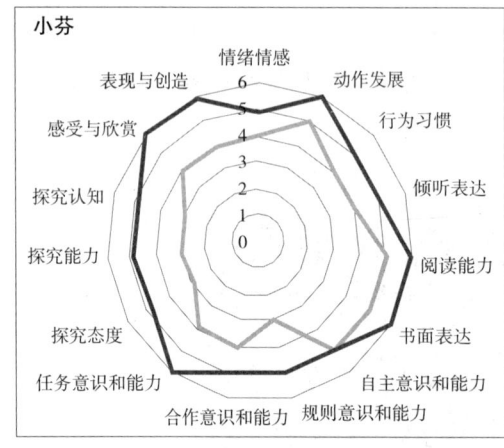
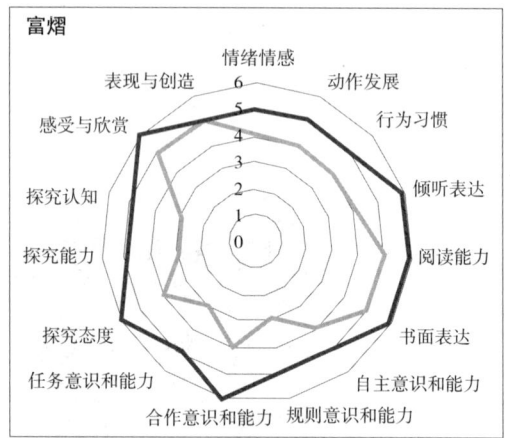

幼儿发展性评价"雷达图"（深色线表示活动后的情况）

《发展指南》中指出，3-6岁的幼儿，学习的方式以直接感知、实际操作、亲身体验为主。在"小香猪爱洗澡"饲养劳动中，孩子们通过亲自观察、查找资料、动手实践等学习方式进行探究，并获得了相关的知识与经验；通过经验分享、家长助教等活动，学习了给小香猪洗澡的注意事项及方法；在给小香猪洗澡的过程中，孩子们提高了动手能力和解决问题的能力；在教师适宜的支持与推动下，孩子们大胆表达了在饲养活动中的所做、所感，他们通过劳动完成了饲养活动中的任务，体验到了生命成长与自身成长的喜悦。

3. 我们的评价

我作为幼儿活动的支持者、引导者和推动者，应当适时、适当地给予幼儿支持和推动。当幼儿发现小香猪的奇怪行为时，我鼓励并引导幼儿亲自去寻找答案，寻找解决问题的途径；当讨论需要给小香猪准备哪些洗澡用品时，我引导并建议幼儿用图文、符号等表征方式记录一份"清单"，帮助幼儿养成记录习惯；在幼儿第一次给小香猪洗澡遭遇失败后，我以讨论和引导的方式鼓励幼儿自行制订计划与分工，提高幼儿在饲养劳动中的自主性。在日常的饲养劳动中，我还会通过交流分享、提醒等方式去强化幼儿的任务意识和规则意识，有目的地培养幼儿的责任感。

在饲养劳动过程中，幼儿亲自参与、亲身体验，把自己的想法、计划等用图画、符号等表征方式呈现出来，包括绘画作品、责任分工图、行动计划图、问题清单等，我收集好幼儿的一幅幅"学习成果"，形成了幼儿成长手册。收藏的幼儿作品具有十分重要的意义，一是幼儿在饲养劳动中的付出和学习成果得到了尊重，二是教师可以通过解读幼儿的作品来了解幼儿在发展过程中各方面的水平与个性特点，这些都将成为教师开展个性化教育的重要依据，三是幼儿的作品能够让教师和家长，乃至幼儿园，更直观地评判幼儿的发展情况，是评价儿童、评估课程的重要依据。

饲养活动离不开家长的理解与支持，家长们也感受到了饲养劳动对于幼儿成长的价值，主动配合并积极加入我们的饲养劳动。例如：周末，家长会主动与孩子一起将小香猪带回家照顾，并与孩子一起给小香猪洗澡；家长们还会把照顾小香猪的日常工作通过照片或视频的方式记录下来，发送给老师，反馈与分享饲养情况。欣欣妈妈向我们反馈道：欣欣回家后，经常与爸爸妈妈分享小香猪的趣事，她还带着我一起照顾小香猪，跟我分享给小香猪洗澡的经验，小香猪给我们带来了很多欢乐。在此期间，我看到了孩子的突破与成长，她不再怕苦怕累，责任意识也越来越强，孩子的变化和进步令我十分欣慰。在幼儿参与饲养劳动的过程中，家长对孩子的积极行为给予了充分的鼓励与肯定，这在无形之中进一步激发了幼儿的成就感，家长成了幼儿主动学习的支持者与合作者。家长对孩子兴趣的支持，是孩子学习与发展的强力推动剂。

【案例评析】

"小香猪爱洗澡"饲养劳动主题活动源于幼儿的生活，基于幼儿的兴趣。整个活动中，教师及时发现并敏锐捕捉幼儿在每个节点的兴趣与探究欲望，以幼儿的兴趣为出发点，有目的地引导幼儿进行探究活动。幼儿在饲养劳动中积极思考，不断探究，同时，教师也与幼儿一同学习，共同成长，体现了"教学做合一"。幼儿在劳动实践中积累了关于"清洁"的新经验。教师还善于利用家长资源，通过家长助教等活动，形成家园共育氛围，共同推动幼儿劳动能力的发展。

饲养劳动蕴含着巨大的价值，从本质上来说，开展饲养劳动是为了搭建平台，支持幼儿通过对动物的观察、照顾、探究而获得多方面的发展。这次饲养小香猪的活动，教师作为设计者和助推者，重视并发掘饲养对象的独特价值，敏锐地捕捉幼儿的兴趣，为幼儿创设了有价值的饲养劳动环境，最大限度地支持和满足幼儿的需要，并及时捕捉活动中的教育契机，推动幼儿在饲养劳动中学会主动探究、合作学习、勤于思考，增强了幼儿的劳动意识，培养了幼儿的劳动习惯，促进了幼儿的全面发展，实现了饲养劳动的意义与价值。

（课程组织者：符庭婷；指导教师：肖瑞星）

后 记

　　饲养劳动是幼儿园教育中的重要内容。我园在开展饲养劳动教育的过程中，一直得到虞永平教授的悉心指导。虞永平教授说：劳动是幼儿综合的学习，幼儿的劳动与生活息息相关，劳动应该指向幼儿的全面发展。的确，幼儿在饲养劳动中观察、陪伴、照顾小动物，通过亲自实践、动手操作，激发了好奇心和求知欲，培养了动手动脑、探究问题、观察事物等方面的能力，引发了对动物与人类之间的关系的思考，萌发了爱护动植物、亲近自然的情感，为未来步入更广阔的社会生活奠定了坚实的基础。

　　在课程实施过程中，我们努力探索"以儿童为中心"的课程资源，不断反思"以教师为支持"的指导策略，秉承"家园共同发展"的教育信念，转换教师角色，关注幼儿发展，吸引家长参与，努力实现饲养劳动教育对幼儿全面和谐发展的助推作用。

　　首先，我们关注幼儿的兴趣和需要，以此确定饲养劳动主题内容，鼓励幼儿自己制订照顾小动物的计划，并在喂养、照顾小动物的过程中动手动脑，尝试自主解决遇到的各种问题，通过记录、表征与分享表达主动建构经验，形成策略和方法，获得认识、技能、品质、情感等多方面的发展。

　　其次，我们鼓励教师注意捕捉幼儿的问题，抓住活动中的每一次教育契机，引导幼儿探索多种动物的饲养方法，并给予幼儿科学、适宜的支持，在饲养劳动过程中培养幼儿的任务意识、责任意识、劳动品质及劳动情感，做好幼儿活动的倾听者、观察者和支持者，和幼儿同学习、共生活，不断提高自身的专业能力。

　　最后，我们重视家长的参与，将亲子陪伴学习作为课程实施的重要手段之一。在这个过程中，受益的不仅仅是幼儿——家长通过与孩子共同查找资料，在饲养认识上有了新的收获；通过协助孩子完成教师布置的指导性任务，在育儿方法和行为水平上有了拓展和提高。最为重要的是，家园之间理念一致，同步教育，可以更好地推动幼儿发展。

　　回顾我园饲养劳动课程的建设与实践之路，可谓风雨兼程，有艰辛，也有喜悦，有付出，更有收获，这种回顾，也让我们对未来的课程实施有了更多的思考。

后记

在师资力量的专业化建设方面，我们还需努力，要鼓励教师多读书、多观察、多思考、多内化，要督促教师基于幼儿的真问题和真需要进行有效指导。在饲养环境的创设方面，我们还需推进。一要继续营造班级饲养角的温馨氛围，投放丰富、适宜的饲养工具；二要不断完善园级饲养区的房舍场地，建设适合不同类型动物生活的区域，方便幼儿和动物接触，方便全园幼儿观察与活动。在饲养劳动课程的评价方面，我们还需探索，要努力形成过程性评价与成果性评价相结合、自我评价和他人评价相结合、幼儿评价和成人评价相结合的"三位一体"的评价体系，形成多元评价策略，不断推动饲养劳动课程深入开发与实施，最终促进幼儿全面和谐发展。

再次感谢虞永平教授领衔的研究团队对我园饲养劳动课程建设的悉心指导与大力支持！我们将继续努力，为幼儿创造更多的感官体验和劳动机会，让幼儿在实践经历中成长，更加珍爱自然、珍视生命、积极劳动、乐于探索，最终成长为有爱心、有能力的社会个体！

海口市教育幼儿园
2024年9月